우리고전 100선 10

다산의 풍경—정약용 시 선집

우리고전 100선 10

다산의 풍경―정약용 시 선집

2008년 1월 21일   초판 1쇄 발행
2019년 5월 25일   초판 6쇄 발행

편역	최지녀
기획	박희병
펴낸이	한철희
펴낸곳	돌베개
책임편집	이경아 이혜승
편집	김희동 윤미향 김희진 서민경 이상술
디자인	박정은 박정영 이은정
디자인기획	민진기디자인
표지그림	전갑배 (일러스트레이터, 서울시립대학교 시각디자인대학원 교수)

등록	1979년 8월 25일 제406-2003-000018호
주소	(10881) 경기도 파주시 회동길 77-20 (문발동)
전화	(031) 955-5020
팩스	(031) 955-5050
홈페이지	www.dolbegae.co.kr
전자우편	book@dolbegae.co.kr

ⓒ최지녀, 2008

ISBN 978-89-7199-300-2 04810
ISBN 978-89-7199-250-0 (세트)

이 책에 실린 글의 무단 전재와 복제를 금합니다.
책값은 뒤표지에 있습니다.
이 도서의 국립중앙도서관 출판시도서목록(CIP)은
e-CIP 홈페이지(http://www.nl.go.kr/cip.php)에서
이용하실 수 있습니다. (CIP제어번호:CIP2008000117)

우리고전 100선 10

다산의 풍경
―
정약용 시 선집

최지녀 편역

돌베개

간행사

지금 세계화의 파도가 높다. 현재 진행되고 있는 세계화는 비단 '자본'의 문제이기만 한 것이 아니라, '문화'와 '정신'의 문제이기도 하다. 그 점에서, 세계화에 어떻게 대응할 것인가 하는 것은 우리의 생존이 걸린 사활적(死活的) 문제인 것이다. 이 총서는 이런 위기의식에서 기획되었으니, 세계화에 대한 문화적 방면에서의 주체적 대응이랄 수 있다.

생태학적으로 생물다양성의 옹호가 정당한 것처럼, 문화다양성의 옹호 역시 정당한 것이며 존중되지 않으면 안 된다. 그럼에도 세계화의 추세 속에서 문화다양성은 점점 벼랑 끝으로 내몰리고 있는 것처럼 보인다. 하지만 문화적 다양성 없이 우리가 온전하고 행복한 삶을 살 수 있겠는가. 동아시아인, 그리고 한국인으로서의 문화적 정체성은 인권(人權), 즉 인간권리의 문제이기도 하기 때문이다. 그래서 우리 고전에 대한 새로운 조명과 관심의 확대가 절실히 요망된다.

우리 고전이란 무엇을 말함인가. 그것은 비단 문학만이 아니라, 역사와 철학, 예술과 사상을 두루 망라한다. 그러므로 일반적으로 알려져 있는 것보다 훨씬 광대하고, 포괄적이며, 문제적이다.

하지만, 고전이란 건 따분하고 재미없지 않은가? 이런 생각의 상당 부분은 편견일 수 있다. 그리고 이런 편견의 형성에는 고전을 연구하는 사람들에게 큰 책임이 있다. 시대적 요구에 귀 기울이지 않은 채 딱딱하고 난삽한 고전 텍스트를 재생산해 왔으니까. 이런 점을 자성하면서 이 총서는 다음의 두 가지 점에 특히 유의하고자 한다. 하나는, 권위주의적이고 고지식한 고전의 이미지를 탈피하는 것. 둘은, 시대적 요구를 고려한다는 그럴듯한 명분을 내세워 상업주의에 영합한 값싼 엉터리 고전책을 만들지 않도록 하는 것. 요컨대, 세계 시민의 일원인 21세기 한국인이 부담감 없이 '쉽게' 접근할 수 있는, 그러면서도 품격과 아름다움과 깊이를 갖춘 우리 고전을 만드는 게 이 총서가 추구하는 기본 방향이다. 이를 위해 이 총서는, 내용적으로든 형식적으로든, 기존의 어떤 책들과도 구별되는 여러 가지 모색을 시도하고 있다. 그리하여 고등학생 이상이면 읽고 이해할 수 있도록 번역에 각별히 신경을 쓰고, 작품에 간단한 해설을 붙이기도 하는 등, 독자의 이해를 돕고자 하였다.

특히 이 총서는 좋은 선집(選集)을 만드는 데 큰 힘을 쏟고자 한다. 고전의 현대화는 결국 빼어난 선집을 엮는 일이 관건이자 종착점이기 때문이다. 이 총서는 지난 20세기에 마련된 한국 고전의 레퍼토리를 답습하지 않고, 21세기적 전망에서 한국의 고전을 새롭게 재구축하는 작업을 시도할 것이다. 실로 많은 난관이 예상된다. 하지만 최선을 다해 앞으로 나아가고자 한다. 그리하여 비록 좀 느리더라도 최소한의 품격과 질적 수준을 '끝까지' 유지하고자 한다. 편달과 성원을 기대한다.

박희병

책 머리에

명철한 논리의 산문과 아름다운 시를 함께 잘 쓸 수 있는 사람은 참 드물다. 대상과 글 쓰는 사람 사이에 언어가 있을 터인데, 그 언어를 단련하는 방식이 사뭇 다르기 때문이다. 게다가 요즘 식으로 하면 행정학·법학·의학·서지학·언어학 등 갖은 학문을 망라한 저서를 500권이나 쓴 이가 시 또한 잘 썼다고 한다면 과연 누가 그랬을까 싶다. 그 주인공이 바로 조선의 역사를 통틀어 가장 많은 수식어가 따라붙는 인물 가운데 한 사람인 다산 정약용(茶山 丁若鏞, 1762~1836)이다.

다산의 시 가운데 유명한 작품, 예를 들어 가혹한 군포(軍布) 징수를 견디지 못하고 자해를 한 농민의 사연을 쓴 「스스로 거세한 사내를 슬퍼함」(哀絶陽)이나 보리를 거두는 풍성하고 활기찬 가을 들판을 그린 「보리타작」(打麥行) 등은 일반 독자들에게도 꽤 잘 알려져 있다. 이러한 시들은 이른바 사실주의에 입각한 사회시(社會詩) 내지 애민시(愛民詩) 계열의 작품으로 다산의 시적 경향을 대표하는 것들이다. 다산은 아들에게 쓴 편지에서 가슴 아파하면서 차마 백성을 버릴 수 없는 마음을 가져야 비로소 시가 된다고 하였다. 곧 다산이 생각한 시인의 본분은 사람 사이의 관계를 바루고, 세상을 걱정하고, 백성을 아파하는 데 있었다.

그렇다고 해서 다산이 인간 본연의 감정, 아름다운 자연 등과 같은 전통적인 서정시의 주제를 외면한 것은 아니었다. 다산이 경계한 것은 세상을 향한 눈과 귀는 닫은 채 오로지 자신에게만 집중

하는 유아적(唯我的)인 시인의 태도였다. 실제로 다산의 시 또한 백성과 사회에 대한 관심만으로 일관한 것은 아니다. 젊은 시절의 풋풋한 포부, 유배지에서의 고통, 아내에 대한 그리움, 꽃나무의 아름다움을 노래한 다산의 시편들은 종종 그 누구의 시 못지않게 내밀하고 감성적이다. 널리 알려진 작품 이외에 이러한 다산의 시를 소개하는 것도 선집을 엮은 목적 가운데 하나이거니와 중요한 것은 다산의 시 세계에는 이처럼 현실에 대한 관심과 자아에 대한 관심이 무리 없이 공존하고 있으며, 그 가운데서 다산은 스스로 밝힌 시인의 본분에서 벗어나지 않고 있다는 점이다.

    7세 때부터 오언시(五言詩)를 짓기 시작한 다산은 74세 되던 해에 아내와의 결혼 60주년을 기념하는 시를 지은 것을 마지막으로 기나긴 시작(詩作)의 여정을 마치게 된다. 그러나 굶주리고 떠도는 백성이 없는 시대가 과연 언제일까. 국지적이었던 빈부격차와 유랑이 양극화와 디아스포라라는 이름으로 그 무대를 지구 끝까지 넓혔을 뿐이다. 다산의 시를 통해 우리 모두 조금씩 시인의 마음이 되었으면 좋겠다.

2008년 1월

최지녀

차례

004 간행사
006 책머리에

215 해설
236 정약용 연보
240 작품 원제
244 찾아보기

세상을 향한 뜻

- 019 금강산
- 020 입춘 단상
- 021 무등산에 올라
- 023 동림사에서
- 025 내 마음을 읊노라
- 028 서울을 떠나고 싶네
- 030 손자병법을 읽고
- 033 봄날에 글 읽다가
- 034 과거에 낙방하고
- 036 배 타고 소내로 돌아가며
- 037 임금을 뵙고서
- 038 승정원에서
- 039 숙직하는 날
- 040 과거 보는 선비들에게
- 042 파직되어
- 043 성호 선생을 기리며
- 044 퇴계 선생의 글을 읽고
- 045 나의 운명
- 048 근심에 잠 못 들고
- 055 노래로 근심을 푸노라

오징어와 해오라비

- 065 둥근 도낏자루는 모난 구멍에 끼울 수 없네
- 067 아름다운 난초
- 069 천리마
- 071 범고래
- 073 오징어와 해오라비
- 076 수선화
- 078 송충이
- 080 병든 쇠북
- 082 당귀를 캐다
- 084 고양이
- 088 승냥이와 이리

백성이 아프니 나도 아프네

- 095 저물녘 광양에서
- 096 사공의 탄식
- 097 호박 훔친 종
- 099 시골집
- 102 장인과 기녀
- 104 굶주리는 백성
- 111 해녀
- 113 보리타작

114	스스로 거세한 사내를 슬퍼함
116	단비
119	소나무 없애는 승려
122	쑥
126	모를 뽑아 버리다
130	보리죽

하늘 끝에 홀로 앉아

137	사평의 이별
139	하담의 이별
140	홀로 앉아
142	담배
143	장맛비
144	마음
145	유배지의 여덟 취미
150	그리운 고향집
152	단옷날에 슬퍼서
154	살짝 취하여
155	칡을 캐다
158	백발
160	율정의 이별
162	탐진 나그네
164	모기

- 166 궁궐을 그리며
- 168 대를 심다
- 170 다산의 여덟 풍경
- 175 어버이 무덤가에서

달빛이 내 마음을 비추네

- 179 가을밤
- 180 책을 판 뒤에
- 181 시름겨워도
- 182 그림에 쓰다
- 183 반딧불이
- 184 어촌 풍경
- 185 밤에 부용당에 앉아서
- 186 산속 깊은 집
- 187 흰 구름처럼
- 188 거문고
- 189 벗을 그리며
- 191 못가에서
- 192 작은 배를 타고
- 193 연꽃
- 194 산문을 나서며

아내와 아이들을 그리며

- 197 마마
- 198 어린 아들
- 199 집에서 온 편지
- 201 어린 자식이 보낸 밤을 받고서
- 202 누에 치는 아내
- 203 아들에게
- 204 새해에 집에서 온 편지를 받고
- 206 사무치는 소리
- 209 아내에게
- 210 8년 만에 아들을 만나
- 211 결혼 60주년을 기념해

정약용 시선집 — 다산의 풍경

세상을 향한 뜻

금강산

금강산은 너무나 빼어난 산
붉은 벼랑 푸른 봉우리 겹겹이라네.
묘하게 새기고 깎아
조물주의 솜씨 그대로 드러나고
신선의 경치 바닷가에 펼쳐져
그윽한 모습 유난히 아름답네.
애석한 건 숨은 선비 없어
홀로 세상 밖에 깨끗이 있는 것.

—

東巗絶殊異, 紫崿疊靑嶹. 雕鎪入纖微, 神匠洩機巧. 仙賞委瀛壖, 幽姿獨窈窕. 惜無棲隱客, 瀟洒脫塵表.

14세에 금강산 유람을 하고 돌아온 부친의 이야기를 듣고 쓴 시이다. 금강산의 아름다움을 예찬한 많은 시가 있지만 다산의 이 시는 특히 조촐하다.

입춘 단상

사람은 하늘과 땅 사이에서
몸가짐을 바르게 하는 것이 그 본분.
어리석은 자는 본래의 선함을 잃고
평생을 입고 먹는 데 바친다네.
효성과 우애가 인(仁)의 근본이요
학문은 그 남은 힘으로 하는 것이니
힘겹게 노력하지 않는다면
세월 따라 그 덕을 잃어 가리라.

―

人生處兩間, 踐形乃其職. 下愚泯天良, 畢世營衣食. 孝弟寔仁本, 學問須餘力.
若復不刻勵, 荏苒喪其德.

입춘을 맞이하여 살고 있던 집의 벽에 써 붙였다는 시이다. 16세 소년의 올곧고 결연한 태도가 느껴진다.

무등산에 올라

서석산(瑞石山)은 뭇 사람이 우러러보는 산
꼭대기엔 옛 눈이 쌓여 있어라.
태곳적 모습 변치 않고
차곡차곡 쌓아 높고 우뚝하구나.
섬세하게 뻗어 나간 산줄기들
새기고 깎아 뼈와 마디를 드러내었네.
오를 때는 길도 없고 까마득하더니
한참 뒤엔 발아래 풍경이 즐비하네.
편벽된 행동은 빛처럼 쉽게 드러나지만
지극한 덕은 어둠처럼 분간하기 어렵지.
사랑스러운 이 산의 충만함
쌓아서 간직함에 빈틈이 없네.
천둥과 비에도 깎이지 않고
하늘이 만든 그대로의 모습으로
가만히 구름과 안개를 피워
대지의 열기 식혀 주곤 한다네.

―

瑞石衆所仰, 厜㕒有古雪. 不改渾沌形, 眞積致峻嶻. 諸山騁纖巧, 刻削露骨節. 將登邈無階, 及遠知卑列. 僻行㬎易顯, 至德闇難別. 愛玆磅礴質, 涵蓄靳一洩. 雷雨不受鑱, 謹保天所設. 自然有雲霧, 時滄下土熱.

―

서석산은 광주 무등산의 옛 이름이다. 다산은 1777년 가을, 화순현감으로 부임하는 아버지를 따라 화순으로 내려가 이듬해 무등산에 올랐다. 다산의 이 시로 인해 무등산은 더욱 빛이 난다.

동림사에서

무등산 남쪽에 절이 많지만
동림사가 가장 맑고 그윽해.
깊은 산속 정취가 좋아
부모님 봉양 잠시 관두고선
뗏목 놓아 맑은 계곡 건너고
신 신고 푸른 봉우리 오르니
그늘진 비탈엔 눈이 덮였고
키 큰 상수리나무엔 마른 잎 달렸네.
주위를 돌아보니 세상 근심 사라지고
산문(山門)에 드니 맑은 생각 일어나네.
열심히 글 읽어야
아버님 기대 미칠 터라
새벽까지 깨어서
목어(木魚) 치는 소릴 듣네.
꼭 출세하고 싶어서겠나
방탕한 생활보단 나아서이지.
젊은 시절 재주만 믿고 있다간

나이 들어 실속 없게 마련이니
경계하여 느슨해지지 말아야지
세월의 풍경은 참 허무하니까.

—

瑞陽多修院, 東林特幽爽. 愛此林壑趣, 暫辭晨昏養. 橫槎渡碧澗, 躡履躋靑嶂.
淺雪糝陰坂, 冷葉棲高橡. 顧眄散塵煩, 入門發淸想. 黽勉讀書傳, 庶足慰親望.
未敢眠到曉, 同聽木魚響. 非必慕榮達, 猶賢任放浪. 英年恃才氣, 及老多鹵莽.
戒之勿虛徐, 逝景眞一妄.

아버지를 따라 화순에 내려가서 둘째 형 정약전(丁若銓, 1758~1816)과 함께 동림사에서 독서할 때 지은 시이다. 이때 정약전은 『상서』(尙書)를 읽고, 다산은 『맹자』(孟子)를 읽었다고 한다. 동림사는 현재 그 터만 남아 있다.

내 마음을 읊노라

1

젊은 시절 서울에서 노닐 때
벗 사귐 비루하지 않았지.
세속을 벗어난 운치만으로
믿고 마음을 열 수 있었네.
힘써 공자(孔子)의 도를 따르고
다시는 세상 돌아가는 일 묻지 않았지.
예의(禮義) 잠시 새롭게 하였지만
잘못도 후회도 거기서 생겼다네.
마음을 굳게 먹지 않는다면
가는 길 어찌 평탄하겠나.
늘 두려운 건 중간에 변해
영영 사람들 웃음거리 되는 일.

—

弱歲游王京, 結交不自卑. 但有拔俗韻, 斯足通心期. 戮力返洙泗, 不復問時宜.

禮義雖暫新, 尤悔亦由茲. 秉志不堅確, 此路寧坦夷. 常恐中途改, 永爲衆所嗤.

2

슬퍼라 우리나라 사람들
주머니에 든 것처럼 갇혀 있네.
삼면은 너른 바다가 둘러싸고
북쪽은 높은 산이 겹겹이 둘러
사지를 항상 웅크리고 있으니
뜻과 기상을 어찌 채우리.
성현(聖賢)은 저 멀리 있으니
뉘라서 이 어둠을 밝혀 주려나.
고개 들어 세상을 보니
환한 모습 보려 해도 눈앞이 어둑하네.
남 따라 하기 급급해서
좋은 걸 가려낼 틈이 없고
바보들이 멍청이를 받들면서
떠벌려 함께 받들게 하니
단군(檀君) 때만도 못하구나

순박한 풍속이 있었던 그때.

—

嗟哉我邦人, 辟如處囊中. 三方繞圓海, 北方縐高崧. 四體常拳曲, 氣志何由充. 聖賢在萬里, 誰能啓此蒙. 擧頭望人間, 見鮮情瞳矓. 汲汲爲慕倣, 未暇揀精工. 衆愚捧一癡, 嗑哈令共崇. 未若檀君世, 質朴有古風.

20대 초반 젊은이의 자부심과 삶에 대한 열정, 또 그만큼의 두려움과 실망이 교차하고 있는 시이다. 이 시를 지을 당시 다산은 자신의 고결한 뜻을 펼치는 데 어울리지 않는 조선의 지리적 협소함과 세도의 경박함에 상심하였던 듯하다. 다산은 이 시를 쓴 1782년 가을에 봉은사(奉恩寺)에 기거하며 경전을 공부했는데 어쩌면 그즈음에 쓴 시인지도 모르겠다.

서울을 떠나고 싶네

한강물은 쉼 없이 흐르고
삼각산은 끝간 데 없이 높아라.
강산이 변해도
간사한 무리는 없어지질 않네.
한 사람이 중상모략을 하면
여러 입들이 차례로 전해
치우친 말을 믿게끔 하니
정직한 이는 어디에 발붙일까.
봉황은 깃털이 약해
가시나무에 깃들이지 못하나니
아쉬운 맘 한 줄기 바람 타고서
멀리멀리 서울을 떠나고 싶네.
떠도는 게 좋아서가 아니라
머물러 미련을 두어도 소용없기 때문.
대궐 문은 포악한 자가 지키고 있으니
무슨 수로 나의 충정 아뢰리.
옛 성인 훌륭한 말씀에

향원(鄉愿)은 덕(德)의 적(賊)이라 했지.

—

洌水流不息, 三角高無極. 河山有遷變, 朋淫破無日. 一夫作射工, 衆喙遞傳驛.
詖邪旣得志, 正直安所宅. 孤鶯羽毛弱, 未堪受枳棘. 聊乘一帆風, 杳杳辭京國.
放浪非敢慕, 濡滯諒無益. 虎豹守天闔, 何繇達衷臆. 古人有至訓, 鄉愿德之賊.

정직한 신하보다 간사한 신하가 득세하는 현실에 대한 안타까움을 토로한 시이다. 마지막 구절의 '향원(鄉愿)'이란 겉으로는 그럴 듯해 뭇사람에 좋은 평가를 받으나 속은 그렇지 못한 사람을 말하는데, 공자는 이런 사람을 덕의 적이라고 보았다.

손자병법을 읽고

1

머나먼 인생길 나그네처럼
평생을 갈림길에 서 있네.
유가(儒家)의 경전 본래 좋아했고
제자백가도 두루 알고 싶었지.
의분(義憤)을 품고 병서를 읽으며
길이 한번 떨칠 생각을 하다가
이 마음 참 분수 모른다 싶어
책 덮고 긴 한숨을 쉬네.
호방한 선비 가까이 않는 건
날 이용할까 걱정해서고
못난 사람 가까이 않는 건
날 모범 삼을까 두려워서니
초연히 내 갈 길 홀로 간다면
그런대로 이 마음 편안하겠지.

人生如遠客, 終歲在路岐. 六經本可樂, 九流思徧窺. 慷慨讀兵書, 萬古期一馳.
此意良已淫, 掩卷一長噫. 豪士不可近, 恐以我爲資. 庸人不可近, 恐以我爲師.
超然得孤邁, 庶慰我所思.

2

천지라고 항상 그대로인 게 아니고
도덕이라 모두 존귀한 게 아니네.
세상의 운행과 조화는 미묘하고 더디니
누가 그 근원을 살필 수 있으랴.
신룡이 머리 들고 솟아오르면
연못 속 잔챙이들 근심하고
온갖 귀신 큰길에서 설쳐도
바다에선 아침 해 솟는다네.
세상 이치 막힐 때도 있어
액운을 만날까 두렵기도 하지만
편한 맘으로 인륜의 가르침 따른다면
그 즐거움 말로 다할 수 없겠지.

一

天地無常設, 道德無常尊. 運化微且徐, 誰能察其源. 神龍奮其首, 泇澤愁鯤鱺. 百鬼騁中馗, 溟渤生朝暾. 理然時有詘, 恐汝離蹇屯. 安心履名敎, 此樂何可言.

『손자병법』을 읽고서 미래에 대한 흥분과 희망으로 들뜬 한 젊은이의 모습을 볼 수 있다. 시 가운데 '신룡'·'아침 해' 등은 정의로운 존재를 상징하는 것으로 볼 수 있는바, 다산은 이들에 자신의 미래를 투영하고 있다고 하겠다.

봄날에 글 읽다가

아침 해 남은 눈을 녹이고
맑은 창엔 똑똑똑 물방울 소리.
독서란 본래 즐거운 것
경세(經世)에 어찌 이름을 추구하리.
요임금 순임금 때는 풍속이 질박했고
이윤(伊尹)과 부열(傅說)은 몹시 근면했지.
나도 늦게 태어난 것은 아니니
먼 훗날의 희망을 품어 보노라.

―

旭日融餘雪, 晴窓有滴聲. 讀書元可樂, 經世豈由名. 質朴唐虞俗, 辛勤伊傅誠.
吾生未爲晚, 緬邈一含情.

이 시를 쓴 1786년에 다산은 별시(別試: 부정기적인 과거 시험)를 보기 위해 공부하고 있었다. 담재(澹齋)라는 서재에서 글을 읽으며 쓴 이 시는 젊은 다산의 풋풋한 포부와 기상을 잘 보여 준다. '이윤(伊尹)과 '부열(傅說)은 중국 고대의 이름난 재상이다.

과거에 낙방하고

1

전국(戰國) 시대에도 옛 기풍이 있어
유능한 인재면 누구나 발탁하여
유세(遊說)하던 이가 재상이 되고
떠돌이 나그네도 우두머리가 되었는데
과거 시험이 생기고는
꾸며 댄 글만 날로 어지럽네.
영광과 굴욕이 한 글자로 결판나
평생 하늘과 땅 차이로 살아가니
강직한 이는 고개 숙이기 부끄러워
산야에 버려지길 기꺼워했네.

―

戰國猶近古, 選士唯其賢. 游談取卿相, 客旅多居前. 鴻都啓爭門, 詞藻日紛然. 榮悴判一字, 畢世分天淵. 伉厲恥屈首, 山澤甘棄捐.

2

세상 건너기란 술 마시는 일처럼
처음 마실 땐 몇 잔이지만
마시고 나면 쉬이 취하고
취한 뒤엔 마음이 흐릿해져
몽롱하게 일백 병을 기울여
코를 들이박고 계속 마시네.
산속엔 홀로 거처할 곳 많아
슬기로운 이는 벌써 찾아갔는데
마음만 간절할 뿐 가지를 못해
공연히 남산 북쪽만 지키고 있네.

涉世如飮酒, 始飮宜細斟. 旣飮便易醉, 旣醉迷素心. 沈冥倒百壺, 豕息常淫淫. 山林多曠居, 智者能早尋. 長懷不能邁, 空守南山陰.

다산은 대과(大科: 문과)에 수차례 불합격하였다. 이 시는 대과에 낙방한 1786년의 작품으로, 시험에 떨어진 이의 좌절감과 허탈감을 담고 있다.

배 타고 소내로 돌아가며

한강에 외배 띄우니
봄바람에 비단 물결 잔잔하여라.
각박한 세상 떠나와 보니
덧없는 인생 위안이 되네.
미음(渼陰)의 숲은 끝이 없고
온조(溫祚)의 성곽은 아름답네.
일곱 척 조그만 몸으로
경세(經世)를 어찌하겠나.

―

江漢孤舟發, 春風錦浪平. 頗能離薄俗, 已足慰浮生. 漠漠渼陰樹, 娟娟溫祚城.
眇然軀七尺, 何必有經營.

'소내'는 다산의 고향 마현(馬峴: 지금의 경기도 양주군 조안면 능내리 마재)에 있던 개울 이름으로, 곧 다산의 고향을 가리킨다. '미음'(渼陰)은 소내로 가는 물길에서 만나는 마을로, 지금의 남양주시 수석동이다. '온조(溫祚)의 성곽'이란 백제를 건국한 온조가 세운 하남의 위례성을 말하는 것으로 보인다.

임금을 뵙고서

새벽빛은 파루(罷漏)를 재촉하고
문창성(文昌星)은 자미성(紫微星) 곁으로.
재주 부끄럽고 문장 부족한데
은총은 되레 고관(高官)보다 커
꽃버들 아래로 붉은 수레 타고
바람 구름 흰옷을 감싸 도누나.
임금님 목소리 가슴에 스몄으니
목숨 다하도록 충성을 바치리.

—

曙色催銀漏, 文星近紫微. 技慚雕繪小, 恩比搢紳稀. 花柳移紅轂, 風雲繞白衣. 玉音淪肺腑, 生死敢言歸.

1788년 반시(泮試: 성균관에서 선비들에게 보이던 시험)에서 수석을 하고 쓴 시로, 다산은 이때 정조의 격려에 힘입어 벼슬길에 나갈 결심을 하였다고 한다. 본문 가운데 '파루(罷漏)'는 통금 해제를 의미한다. 한편 '문창성(文昌星)'은 문(文)을 상징하는 별이고, '자미성(紫微星)'은 왕을 상징하는 별이다. 따라서 문창성이 자미성 곁으로 간다는 것은 다산이 임금을 가까이에서 보좌하게 될 것임을 뜻한다.

승정원에서

지는 해 사이로 조금 내린 비가
못의 연잎에 후드득 떨어지네.
멀리 천둥소리에 궁궐이 어둑한데
낙숫물 너머 누각이 청량하네.
오랜 가뭄 어진 임금 괴롭히더니
촉촉한 비가 농심(農心)을 달래네.
사관(史官)의 붓은 모름지기 사실을 밝히나니
어찌 맑고 흐림만 기록하겠나.

小雨斜陽裏, 盆荷葉亂鳴. 遠雷雙殿暗, 飛霤一樓淸. 久旱勞明主, 新沾慰野氓.
闡揚須史筆, 何但記陰晴.

제목 그대로 승정원에서 내리는 비를 보고 읊은 시다. 시의 전반부에서 비 오는 광경을,
후반부에서는 비를 기다리는 임금과 백성의 마음을 읊고 있다.

숙직하는 날

보잘것없는 몸이 갓 조정에 들어
숙직하며 밤 새우니 맘이 설레네.
금마문(金馬門)에서 글 올린 영광으로 족하니
한림원(翰林院)에서 붓 잡을 재주 본래 아니네.
맑은 하늘에 문득 바람 불고 천둥 치더니
깊은 골에서 갑자기 밝은 해가 뜨네.
쪽지 남기고 사람 불러 등불을 바꾸나니
대궐의 자물쇠는 언제 열리려나.

―

疎蹤新自草茅來, 豹直通宵意不裁. 自足獻詞金馬寵, 原非秉筆木天才. 晴空忽見風霆起, 幽谷飜驚白日回. 異牘題緘呼燭換, 禁門魚鑰幾時開.

처음 숙직을 하는 새내기 관원의 설렘과 조바심이 담겨 있는 시이다. '한림원(翰林院)'은 문필(文筆)을 담당하는 관청을 통칭하는 말로, 다산이 이 시를 쓴 1790년에 한림소시(翰林召試)에 뽑혀 예문관 검열이 된 것과 관련된 시어이다. '금마문'(金馬門)도 한림원을 가리키는 말이다.

과거 보는 선비들에게

사물을 살필 때는 지극히 밝게
마음을 지킬 때는 지극히 공정하게.
총명함과 우둔함은 타고나는 것이지만
공(公)과 사(私)는 내 마음에 달린 것.
시험장 가득 메운 선비들에게
기대하는 마음 한량없어라.
조금이라도 공정치 못하면
난초가 쑥대가 된다네.
번영과 몰락을 제 손으로 판가름하고
선과 악을 하늘 뜻에 따르지 않으면서
조물주의 권한을 훔쳐 멋대로 쓴다면
하늘이 벌을 내리리라.
이런 생각 품고서 나태할 수 없으리니
크디큰 충성을 바치게 되리라.

一

覽物要至明, 秉心要至公, 明昏有定分, 公私由我衷. 嵒冠滿中庭, 想望寧有窮.
毫芒有所蔽, 蘭薏成飛蓬. 榮悴判吾手, 美惡欺天工. 竊弄造化柄, 冥譴賊枯終.
懷茲不敢慢, 豈但區區忠.

옛날의 과거는 오늘날의 고시와 유사하게 나라의 인재를 뽑는 시험이었다. 이날 다산은 기대와 격려를 가득 담은 눈으로 후배들을 보면서 과거 시험을 관장했던 듯하다. 함께 시험을 관장했던 심환지(沈煥之, 1730~1802), 안정현(安廷玹, 1730~?)에게 이 시를 보여 주었다는 기록이 있다.

파직되어

이 한 몸 거칠 것이 없어도
도(道)를 다하진 못했고
벼슬살이 서투른 내가
시 잘 써서 덕을 보았지.
성했다 쇠했다 하는 건 쥐새끼들
성냈다 좋아했다 하는 건 원숭이들.
일만 봉우리 가을빛에 젖었고
고향 가는 길은 절로 뻗었네.

—

一身何浩渺, 於道未爲窮. 拙宦成吾事, 能詩賴爾功. 升沈看鼠輩, 憂喜聽狙公. 萬山秋色裏, 遝路自相通.

―

기록에는 보이지 않으나 이 시를 쓴 1794년에 다산은 잠시 벼슬에서 물러난 일이 있었던 것 같다. 미련이나 회한보다는 홀가분함이 느껴지는 시로, 마지막 두 구가 특히 산뜻하다.

성호 선생을 기리며

박학(博學)하신 성호(星湖) 선생을
내 영원한 스승으로 따르려네.
아름다운 숲에는 열매가 무성하고
커다란 나무에는 가지가 울창하네.
강의하실 땐 모습이 엄격하시고
투호(投壺)하실 땐 예법에 밝으셨다지.
고결하시어 속인(俗人)을 놀라게 했건만
불우했음은 어쩐 일인가.

博學星湖老, 吾從百世師. 鄧林繁結子, 喬木鬱生枝. 講席風儀峻, 投壺禮法熙. 孤標驚俗眼, 歷落竟何爲.

'성호(星湖) 선생'은 이익(李瀷, 1629~1690)을 가리키는데, 다산은 10대부터 이익의 글을 읽으며 그를 사숙(私淑: 고인故人을 마음으로 따르고 배우는 일)하였다. '아름다운 숲'이나 '커다란 나무'는 이익의 학문 세계를 비유한 말로 보인다. '투호'(投壺)는 항아리에 화살을 던져 넣는 놀이이다.

퇴계 선생의 글을 읽고

틈내어 겨우 살펴보니 일마다 분주해
가는 세월 붙잡을 길이 없네.
반평생 가시밭길에서 거꾸러지고
일곱 척 몸이 싸움터에서 어쩔 줄 몰랐네.
일만 움직임이 하나의 고요함만 못하고
모두가 좋아하는 향은 독특한 향만 못하네.
도산(陶山) 퇴계(退溪)는 그 어디인지
아득히 높은 풍도(風道) 길이 따르려네.

―

閒裏纔看物物忙, 就中無計駐年光. 半生狼狽莉蓁路, 七尺支離矢石場. 萬動不如還一靜, 衆香爭似守孤芳. 陶山退水知何處, 緬邈高風起慕長.

다산은 1795년 금정도(金井道) 찰방(察訪)으로 있으면서 독서와 강학에 열중했는데, 특히 새벽에 일어나 퇴계가 쓴 편지를 꼭 한 편씩 읽었다고 한다. '도산'은 이황이 말년에 은거하며 서원을 세운 곳이고, '퇴계'는 도산 인근의 개울 이름이자 이황의 호이다.

나의 운명

1

서해(西海)엔 신선의 복숭아가 있고
동해(東海)엔 신선의 대추가 있어
먹으면 환골탈태하여
영원히 늙지 않는다고 해
사람들 다투어 흠모하고
훌훌 털고 먼 길을 떠나지만
내 오직 집을 지키고
처자(妻子)와 오순도순 살아가리.
밭에는 기장 심고
논에는 벼를 심어
부지런히 김매어 기르면
가뭄도 장마도 상관없이
가을에는 수확이 있어
이 한 목숨 보전할 테지.

西海有蟠桃, 東海有火棗. 食之得蛻化, 永世不得老. 衆人爭欣慕, 望望出遠道. 我獨守我家, 且與妻子好. 山田種黃粱, 水田種紅稻. 勤力芸其苗, 不問燠與潦. 庶幾望有秋, 使我性命保.

2

번쩍이는 비단옷 입고
말 타고 종로 길을 달려가
말을 내려 대궐 문에 들어서
공손히 궁중의 임금을 모시면
이 마음 참 즐겁겠지만
때로 근심이 따르리니
더 나은 건 잠시 물러나
어리석고 못난 맘 지키는 것.
욕심 없이 고요하여 하려는 일 없고
담담하고 소박해 바라는 일 없으면
세상길 아무리 좁고 야박해도
썩은 선비 한 사람은 받아 주겠지.

만약 받아 주지 않는다 해도
운명이니 또한 기꺼워하리.

燁然衣錦衣, 乘馬馳雲衢. 下馬入君門, 冉冉庭中趨. 豈不一快意, 或者有後虞.
不如且暫退, 養拙守其愚. 寧靜無所營, 澹泊無所須. 世途雖局促, 庶容一腐儒.
若復不相恕, 命也亦樂夫.

전체 두 수 가운데 첫 번째 수에서는 가족과 함께하는 전원의 소박한 삶을, 두 번째 수에서는 벼슬길에서 물러난 담담한 제념을 노래했다. "만약 받아 주지 않는다 해도, 운명이니 또한 기꺼워하리"라는 마지막 구절이 시 전체를 아우르고 있다.

근심에 잠 못 들고

1

어릴 때는 성인(聖人)을 배우려 했고
중년에는 현인(賢人)이라도 되려다가
늘그막엔 우인(愚人)으로 만족하고 있으니
걱정이 되어 잠이 오질 않네.

—

弱齡思學聖, 中歲漸希賢. 老去甘愚下, 憂來不得眠.

2

복희(伏羲)의 시대가 아니니
복희에게 물을 수도 없고
공자의 시대가 아니니
공자에게 물을 수도 없네.

一

不生宓義時, 無由問宓義. 不生仲尼世, 無由問仲尼.

3

밤에도 빛이 나는 구슬 하나를
우연히 오랑캐 상인의 배에 실었는데
큰 바다 폭풍에 배가 가라앉아
영원히 그 빛을 볼 수 없다네.

一

一顆夜光珠, 偶被賈胡舶. 中洋遇風沈, 萬古光不白.

4

입술은 타고 입 안은 마르고
혀는 갈라지고 목은 쉬었네.
내 마음 헤아릴 이 없는데

하늘이 성큼 어두워 오네.

―

脣焦口旣乾, 舌敝喉亦嘎. 無人解余意, 駸駸天欲夜.

5

취하여 북산(北山)에 올라 통곡하니
통곡 소리 하늘에 닿누나.
곁에선 이 맘을 모르고서
제 신세 가련해 운다 하네.

………

醉登北山哭, 哭聲干蒼穹. 傍人不解意, 謂我悲身窮.

6

천 명이 술주정하는 가운데

단정한 선비 하나 엄숙하면
천 명 모두 손가락질하며
한 선비를 미쳤다 하겠지.

—

醜譯千夫裏, 端然一士莊. 千夫萬手指, 謂此一夫狂.

7

늙음도 피할 수 없고
죽음도 피할 수 없는데
한번 죽으면 다시 나지 못하는
이 인간세(人間世)를 하늘로 아는구나.

—

無可奈何老, 無可奈何死. 一死不復生, 人間天上視.

8

눈앞에 얽혀 있는 일들
제대로 된 것 없고
정리할 길도 없어
생각하면 마음만 아프네.

―

紛綸眼前事, 無一不失當. 無緣得整頓, 撫念徒自傷.

9

마음은 몸의 노예라고
도연명(陶淵明)도 말했지만
백 번 싸움에 백 번을 지니
나는 왜 이리도 못났을까?

―

以心爲形役, 淵明亦自言. 百戰每百敗, 自視何庸昏.

10

태양은 나는 새처럼 빨라
총알도 쫓을 수 없고
잡아맬 수도 없어
생각하면 속만 상하네.

―

太陽疾飛霍, 銃丸不能追, 無緣得攀駐, 念此腸內悲.

11

범과 이리 양을 잡아먹고
붉은 피가 입술에 번들한데
범과 이리의 당당한 위세에
여우 토끼는 인자하다 칭송하네.

―

虎狼食羊羖, 朱血膏吻脣, 虎狼威旣立, 狐兔贊其仁.

12

탐스럽고 아담한 복사나무
봄에는 가지마다 꽃이 피어도
해 지나서 꺾이고 잘리면
쓸쓸히 옛 모습이 아니라네.

榮榮小桃樹, 方春花滿枝. 歲暮有摧折, 蕭蕭非故姿.

다산이 43세 되던 해에 유배지인 장기(長鬐)에서 쓴 작품으로, 인생에 대한 고민과 회한을 열두 수의 짧은 시에 담았다. 열두 가지 근심이 제각기 근심스럽기만 하다.

노래로 근심을 푸노라

1

부리(鳧吏)[1]가 꼭 치우친 것도 아니고
중국(中國)이 꼭 가운데인 것도 아니지.
둥글둥글 흙덩어리 지구에는
본래 동(東)도 서(西)도 없다네.

―

鳧吏未必偏, 震朝未必中, 團團一丸土, 本自無西東.

2

세상의 책을 모두 소화해
『주역』(周易)으로 내놓고 싶었는데
하늘이 그 귀한 걸 내어 주려고
내게 3년째 귀양살이를 선물하였네.

1_ 부리(鳧吏): 동쪽의 아홉 오랑캐 가운데 한 족속을 가리키던 말로, 여기서는 우리나라를 가리키는 것으로 보인다.

盡茹天下書, 竟欲吐周易. 天欲破其慳, 賜我三年謫.

3

하늘 있어 내 머리 들 수 있고
땅이 있어 발 디딜 수 있으며
물 있고 곡식 있어
그냥 배는 채울 수 있네.

—

有天容我頂, 有地容我足. 有水粿有穀, 自來充我腹.

4

부귀는 참으로 한낱 꿈이요
불행 또한 한낱 꿈이니
꿈 깨면 그뿐이지

온 우주가 한갓 농담인 것을.

富貴固一夢, 窮阨亦一夢, 夢覺斯已矣, 六合都一弄.

5

세상 걱정 하나하나 따져 보면
처자식 걱정이 그중 제일.
누가 알겠나 집 나온 사람이
이렇게 호탕하게 놀고 있는 걸.

歷數世間累, 妻孥居上頭, 誰知出家者, 浩蕩成玆遊.

6

진흙탕 돼지와도 어울리고

구더기도 좋아하게 되었으니
미인과 맛있는 음식은
두어라 말할 것도 없네.

―

塗豕故相逐, 糞蛆方自甘. 毛嬙與淳母, 且置不須談.

7

높이 오르면 떨어질까 늘 걱정이지만
떨어지고 나면 마음이 후련해지네.
수레 타고 관 쓴 이들 쳐다보면
아슬아슬 거꾸로 매달린 것 같아.

―

登高常慮墜, 旣墜心浩然. 仰見軒冕客, 纍纍方倒懸.

8

부귀를 밑천 삼아 나쁜 짓을 하니
호랑이가 날개를 단 격이지.
나는 지금 깃 잘린 새가 되어
잔인한 짓 않는 걸 덕으로 삼는다네.

―

富貴以行惡, 猶如虎傅翼. 吾今鳥鎩翮, 寡虐以爲德.

9

물고기 먹는 사람을 보았겠지
맛과 독을 함께 먹는 거라네.
맛을 즐기지만 않는다면
독을 뱉지 않아도 될 텐데.

―

君看食魚者, 味毒俱入腹. 旣不享其味, 亦不吐其毒.

10

아기가 까닭 없이 울기도 하고
까닭 없이 방긋 웃기도 하듯이
기쁨과 슬픔은 본래 까닭 없는 것
나이가 많을 뿐 어른도 마찬가지.

―

孩兒無故啼, 無故孩然笑. 歡戚本無故, 年齡有長少.

11

뜻을 펴지 못하면 애석해들 하지만
등용된 후에는 험담만 무성하지.
그래서 소부(巢父) 허유(許由) 무리는
고개 내젓고 한가히 지냈다네.

―

未展人常惜, 旣施人議短. 所以巢許倫, 掉頭就閒散.

12

백성들이 굶어도 날 원망 않을 테고
백성들이 아둔해도 난 모를레라.
훗날 나를 두고 말하겠지
뜻을 이뤘으면 큰일을 했을 거라고.

―

民飢不我怨, 民頑我不知. 後世論我曰, 得志必有爲.

다산은 1801년 '책롱(冊籠) 사건'이 발단이 되어 장기(長鬐)로 유배된 후 1804년에 이 시를 썼으며, 이때 『주역(周易)』의 전(箋: 주석 또는 해설에 해당)을 쓰고 있었다. 앞의 시 「근심에 잠 못 들고」에 이어지는 작품으로, 절망과 비탄에서 벗어나 삶의 의미를 다시 짚어 가는 다산의 모습이 열두 편의 짧은 시에 담겨 있다.

오징어와 해오라비

둥근 도낏자루는
모난 구멍에 끼울 수 없네

둥근 자루와 모난 구멍은 서로 맞지 않고
얼음과 숯불도 서로 맞지 않네.
네모난 바퀴를 굴리려고
밀고 당기면 축이 부러진다네.
부자(附子)를 안 익히고
그냥 삼키면 몸에 맹독이 퍼져
신장(腎臟)을 따뜻하게 하려던 게
숨을 먼저 끊어 버리네.
공자도 엽각(獵較)을 하셨지만
어찌 예절을 잊으셨겠나?
진(秦)나라 상앙(商鞅)은 사람들 뜻 물리쳤다가
결국 내침을 당했지.
둥근 자루와 모난 구멍은 서로 맞지 않고
얼음과 숯불은 차고 더움이 다르다네.

枘鑿不相容, 氷炭不相悅. 方輪求其轉, 推挽軸乃折. 烏頭不泡炙, 下咽中毒烈.
本欲煖命門, 氣息奈先絶. 魯叟亦獵較, 豈其忘禮節. 姬鞅拂衆志, 終爲衆所撤.
枘鑿不相容, 氷炭異寒熱.

본질에 있어 부합하지 않는 일을 억지로 해서는 안 된다는 뜻을 담고 있다. 본문 가운데 '부자'는 독성이 강한 약재의 일종이다. '엽각'은 사냥을 한 후 잡은 짐승의 많고 적음을 견주어 보는 것을 말하는데, 공자는 노나라에 있을 때 엽각이 예(禮)에 맞지 않음을 알면서도 부득이하게 행하였다. 상앙에 대한 언급은 상앙이 진나라의 재상으로 있으면서 엄격한 법치주의를 실시하여 훗날 화를 당한 일을 말한다. 『장자』(莊子)에서 소재를 취한 시이다.

아름다운 난초

1

아름다운 난초가
산비탈에 돋았네.
참 아름다운 나의 벗
덕을 지녀 반듯하여라.
다른 벗도 좋아하지마는
그대 생각을 정말 많이 한다오.

―

蘭兮猗兮, 生彼中陂. 友兮洵美, 秉德不頗. 豈無他好, 念子實多.

2

아름다운 난초가
산비탈에 돋았네.

요즘 사람들처럼
빨리 변하지 않는
그대를 잊지 못해
내 마음은 어쩔 줄 모른다오.

―

蘭兮猗兮, 生彼中丘. 凡今之人, 不其疾渝. 念子不忘, 中心是猶.

3

아름다운 난초가
쑥대밭에 돋았네.
시들고 무성한데
누가 손질해 줄까.
그대를 잊지 못해
내 마음은 애닯다오.

―

蘭兮猗兮, 生彼蓬蒿. 萎兮翳兮, 誰其薅兮. 念子不忘, 中心是勞.

난초에 대한 찬미와 그리움은 곧 벗에 대한 것이다. 원제에는 '벗을 기린다'라는 구절이 들어 있다.

천리마

빼어난 골격 타고난 천리마
바람에 씩씩하게 갈기를 날리련만
사방으로 달리는 맘 울울히 품고
오랑캐의 땅에 있네.
산길엔 바윗돌이 험하고
바위산엔 대숲이 우거졌네.
슬피 울며 제 모습 돌아보고
거칠 것 없는 큰바람 그리워하네.
궁궐의 말들은 화려한 가슴걸이
반짝이는 가죽 띠로 장식했거늘
행복도 만나고 불행도 만나니
참 운명이란 같지 않아라.
소금 수레 끄는 건 제 일이 아니거늘
애오라지 꼴과 콩을 먹누나.
조그만 말에 되레 놀라서
좌우로 어지러이 울며 깨물어 대네.
아서라 더 이상 말하지 말자

슬피 푸른 하늘이나 쳐다봐야지.
통달한 선비는 구애됨이 없다고 하나
그런 생각 하면 맘이 아프네.

—

赤驥負奇骨, 駿邁颷風駛. 鬱鬱四極志, 乃處巴巏中. 山蹊苦多石, 犖确連箐藪.
悲鳴顧其影, 潝宕懷長風. 天廏多繁纓, 逐續光磨礱. 所遇有亨否, 寔維命不同.
鹽車雖匪職, 聊爲芻豆空. 却被果下驚, 啼齝紛西東. 已矣勿復道, 悵然仰蒼穹.
達士雖放達, 念此憂心忡.

뛰어난 자질의 천리마가 소금 수레를 끌며 고생을 하고 조그만 말들에 놀라는 모습은 자신의 능력을 발휘하지 못하고 소인배들의 등쌀에 괴롭힘을 당하는 다산 자신의 모습을 비유한 것인 듯하다.

범고래

범고래 몸통은 이리 같고 가죽은 수달 같은데
가는 데마다 열씩 백씩 떼 지어 다니면서
물속에서 사냥할 땐 나는 듯이 빨라
갑자기 덮치면 물고기도 모른다네.
고래는 한 입에 물고기 천 섬을 삼켜
한 번 지나가면 물고기는 그림자도 없다네.
물고기 못 잡은 범고래는 고래를 원망해
감히 고래를 죽이려고 꾀를 내어서
한 떼는 고래 머리를 들이받고
한 떼는 고래 꼬리를 에워싸고
한 떼는 고래 왼편을 노리고
한 떼는 고래 오른편을 공격하고
한 떼는 고래 배를 물속에서 치받고
한 떼는 고래 등에 튀어 올라 호령하고
아래위 사방에서 함께 소리치고
살을 찢고 물어뜯고 너무나 잔인하네.
고래가 우레같이 소리치며 물을 뿜자

파도가 들끓고 맑은 하늘엔 무지개가 뜨더니
무지개는 희미해지고 물결은 잔잔해졌어라
아아! 불쌍한 고래는 죽고 말았구나.
혼자서 여럿을 당해 낼 순 없나니
약은 조무래기들이 큰 걸림돌 해치웠네.
너희는 왜 그리도 지독히 했니
본래는 고작해야 먹이다툼인 것을.
가없이 넓디넓은 바다인데
왜 너희는 지느러미 꼬리 흔들며 함께 편히 살지 못하니.

―

海狼狼身而獺皮, 行處十百群相隨. 水中打圍捷如飛, 欸忽揜襲魚不知. 長鯨一吸魚千石, 長鱀一過魚無跡. 狼不逢魚恨長鯨, 擬殺長鯨發謀策. 一群衝鯨首, 一群繞鯨後. 一群伺鯨左, 一群犯鯨右. 一群沈水仰鯨腹, 一群騰躍令鯨負. 上下四方齊發號, 抓膚齧肌何殘暴. 鯨吼如雷口噴水, 海波鼎沸晴虹起. 虹光漸微波漸平, 嗚呼哀哉鯨已死. 獨夫不遑敵衆力, 小黠乃能殲巨憨. 汝輩血戰胡至此, 本意不過爭飮食. 瀛海漭洋浩無岸, 汝輩何不揚鬐掉尾相休息.

―――――

범고래는 '살해자'(killer whale)라고 불리는 난폭한 고래로, 무리 지어 다니며 물고기는 물론, 바다표범·고래 등을 공격한다. 범고래 무리에 목숨을 잃는 고래의 모습이 상세하게 묘사되어 있어 자못 측은한 마음이 든다. 범고래는 무리 지어 다니는 소인배들을 상징한다.

오징어와 해오라비

오징어가 물가를 가다가
문득 해오라비를 보았는데
하얀 눈처럼 눈부시고
잔잔한 물처럼 빛나기에
머리를 들고 해오라비에게 말하기를
"네 생각을 난 모르겠구나
실은 물고기를 잡아먹으려면서
어째서 고상한 척하는 거지?
내 배엔 늘 먹물 한 주머니가 있어
한 번 내뿜으면 주위가 온통 까매지지.
물고기는 앞이 어두워 지척을 못 보고
꼬리 치며 가려 해도 동서남북을 분간 못해
입 벌리고 삼키는 줄도 모르니
나는 늘 배부르고 물고기는 늘 속게 되지.
네 깃털은 너무 하얗고 눈에 띄는구나
흰 저고리 흰 치마니 누가 의심을 않겠니?
가는 데마다 멋진 모습 먼저 물에 비쳐

물고기가 멀찍이 보고 살짝 도망가면
종일 서 있어도 바랄 게 없지.
다리만 시큰거리고 배는 항상 주릴 테니
까마귀 찾아가서 그 옷을 빌려 입어
적당히 자기를 감춰 편의를 추구하면
물고기를 산더미같이 잡아서
아내도 새끼도 먹일 수 있을 거야."
그러자 해오라비가 오징어더러 말하기를
"네 말도 일리는 있지만
하늘이 나에게 깨끗함을 주었고
내가 나를 봐도 깨끗하기만 한데
어찌 이 작은 밥통이나 채우자고
이 모습을 그렇게 바꾸겠니?
물고기가 오면 먹고 가면 내버려 두고
똑바로 서서 하늘 뜻대로 살 뿐이지."
오징어가 먹물 뿜고 화내며 하는 말이
"바보 해오라비야 굶어 죽고 말어라."

―

烏鰂水邊行, 忽逢白鷺影. 皎然一片雪, 炯與水同靜. 擧頭謂白鷺, 子志吾不省.

旣欲得魚噉, 云何淸節秉. 我腹常貯一囊墨, 一吐能令數丈黑. 魚目昏昏咫尺迷, 掉尾欲往忘南北. 我開口吞魚不覺, 我腹常飽魚常惑. 子羽太潔毛太奇, 縞衣素裳誰不疑. 行處玉貌先照水, 魚皆遠望謹避之. 子終日立將何待, 子脛但酸腸常飢. 子見烏鬼乞其羽, 和光合汚從便宜. 然後得魚如陵阜, 啗子之雛與子兒. 白鷺謂烏鰂, 汝言亦有理. 天旣賦予以潔白, 予亦自視無塵滓. 豈爲充玆一寸嗉, 變易形貌乃如是. 魚來則食去不追, 我惟直立天命俟. 烏鰂含墨嘆且噴, 憨哉汝鷺當餓死.

오징어는 해오라비에게 깨끗함을 버리고 실리를 취할 것을 권하지만 해오라비는 이를 마다한다. 언뜻 보기에는 해오라비의 턱없는 이상주의가 어리석어 보이지만 다산은 이 시에서 해오라비의 태도를 옳은 것으로 여기고 있다. 익숙한 메시지가 오징어와 해오라비의 대화라는 흥미로운 옷을 입었다.

수선화

나무들은 너른 땅에 부쳐 사는데
물속에 뿌리 내려 홀로 깨끗하구나.
진흙에 더럽혀지지 않고
깨끗한 얼굴로 속세를 벗어났구나.
힘들어도 이름 알려 탁한 세상 깨워야지
깊은 골에 향내 숨기고 있을 순 없어.
한겨울 추위에 화분이 얼면
병에 담아 따순 집 안 깊이 두네.
궁벽한 시골에 처음 와 색이 붉어지니
촌부(村夫)들이 못 알아보곤
무가 잎이 곧고 예쁘다고도 하고
마늘이 매운 냄새가 없다고도 하네.
수선화는 능파선(凌波仙)이 변한 꽃
비단버선 사뿐히 고요하고 맑은 모습.
지렁이 먹는 흙은 안 먹으려 들고
매미 마시는 맑은 이슬만 삼킨다네.
흰 꽃은 12월의 매화보다 아름답고

푸른 잎은 서리 맞은 대와 같아라.
온몸이 뼛속까지 깨끗하고 고고하여
평생 잘 보이려 아양 떨지 않네.
고결한 그 모습 무엇과 같을까
촉(蜀) 땅 아미산(蛾嵋山) 하얀 눈빛이네.
우습구나 섬돌 앞 옥잠화야
네 어찌 수선화를 닮을 수 있겠니.
한밤중 연못 지키는 이 없어
가슴에 슬픈 원한 서리게 했나.
새하얀 너 시들어 흙더미에 버려지면
개미들이 우글우글 달려들 테지.

塵土坱濠寄衆木, 淸水托根淸且獨. 一點泥滓不受涴, 顔色皎然離時俗. 苦要揚名驚濁世, 不耐韜芳在幽谷. 盛冬天寒盆水凍, 膽瓶深深藏暖屋. 僻鄕初來面發騂, 野客相看眼多肉. 爭言萊菔葉正鮮, 復道胡蒜葷不足. 前身只是淩波仙, 羅襪生塵姿艶淑. 羞食橘壤充蚓腸, 但吸淸露濡蟬腹. 白華終壓臘前梅, 翠葉眞同霜後竹. 全身大抵寒到骨, 一生不解嬌悅目. 借問孤標誰得似, 蛾眉雪色遙生蜀. 顧笑階前玉簪花, 爾欲學彼如刻鵠. 一夜池館無人護, 坐令哀恨纏衷曲. 素質蔫然委塵沙, 行蟻勃勃來相觸.

청나라에 다녀온 이기양(李基讓, 1744-1802)이 가져다준 수선화를 보던 일을 추억하며 쓴 시이다. 유배지에서 쓴 많은 시와 마찬가지로 이 시에서 노래되고 있는 수선화에는 영락한 다산 자신의 모습이 투영되어 있다. 본문 가운에 '능파선'은 수선화를 신선에 비겨 달리 이르는 말이다.

송충이

그대는 보지 못했나 천관산(天冠山) 가득한 소나무
천 그루 만 그루가 뭇 봉우리 뒤덮은 걸.
울창하고 강인한 노송(老松)에다
어리고 예쁜 다복솔도 퍼져 있는데
하룻밤 새 송충이가 천지에 가득 차
입으로 인절미 먹듯 소나무를 갉아먹네.
처음 모습도 새까맣게 밉더니
노란 털 붉은 반점 더욱 흉해지네.
처음엔 뾰족한 잎을 먹어 수액을 말리고
나중엔 껍질을 갉아 상처와 옹이를 만들지.
날로 말라 가지 하나 움직이지도 못한 채
곧게 서서 죽는 모습 어찌 그리 공손할까.
두꺼워지고 비틀린 가지 슬피 바라보나니
상쾌한 바람 짙은 그늘 어디서 찾겠나.
하늘이 소나무를 기를 때 깊은 뜻이 있어
사시사철 보살피기를 한겨울도 없었지.
모든 나무 가운데 큰 사랑 받았으니

설마 복사꽃 오얏꽃과 화려함을 다퉜겠나.
종묘(宗廟)와 궁궐이 무너지면
대들보 기둥 만들어 조정으로 보내고
왜(倭)와 유구(流求)가 함부로 날뛰면
커다란 싸움배 만들어 기세 꺾으려 했는데
송충이의 욕심에 다 죽어 버려
말을 하자니 열이 치솟네.
어떡하면 천둥신의 벼락도끼를 얻어
네놈들 잡아다 이글이글 용광로에 넣어 버릴까.

君不見天冠山中滿山松, 千樹萬樹被衆峰. 豈惟老大鬱蒼勁, 每憐穉小羅丰茸. 一夜沴蟲塞天地, 衆喙食松如饕饗. 初生醜惡肌肉黑, 漸出金毛赤斑滋頑兇. 始葉針竭津液, 轉齧膚革成瘡癰. 松日枯槁不敢一枝動, 直立而死何其恭. 瘵柯癩幹凄相向, 爽籟茂橄嗟何從. 天之生松深心在, 四時護育無大冬. 龍光隆渥出衆木, 況與桃李爭華穠. 太室明堂若傾圮, 與作侜梁蠹棟來朝宗. 漆齒流求若隳突, 與作艨艟巨艦摧前鋒. 汝今私慾恣殄瘁, 我欲言之氣上衝. 安得雷公霹靂斧, 盡將汝族乘畀炎火洪鑪鎔.

나라의 환란에 대비하여 기둥이 되고 배가 되어야 할 소나무가 송충이 때문에 말라 죽는 모습은 국가의 동량이 되어야 할 인재가 간신배에게 수난을 당하는 모습을 연상시킨다. '곧게 서서 죽는 모습 어찌 그리 공순할까'라는 구절에서 비장미가 느껴진다. 이 시를 쓸 때 다산은 전남 강진에서 귀양살이를 하고 있었던바, '천관산'은 인근의 장흥에 있는 산이다. '유구(流求)'는 '유구(琉球)'로도 쓰는데, 15~19세기에 걸쳐 현재 일본 오키나와 지역에 있었던 나라를 가리킨다.

79

병든 쇠북

절 누각의 병든 쇠북은
본래 솜씨 좋은 장인이 만든 거라네.
용 모양 꼭지에 비늘은 섬세하고
뺨의 수염은 헤아릴 만큼 선명해
포뢰(蒲牢)1_ 같은 소리 내며
큰 집에서 쓰였을 텐데
미련한 중이 큰 몽둥이로 치고
심하게 때린 것이 잘못이었나.
금이 가서 구불구불 띠를 이루고
죽을병에 걸린 소리를 낸다네.
푸른 표범 목이 이미 쉬어 버렸으니
모두 다 싫어할 밖에
사지(師摯)와 사광(師曠)2_ 세상을 떠난 지 오래니
답답함을 뉘에게 호소할까.
슬픈 바람에 울음 실어 보내니
적막한 푸른 산이 저물어 가네.
커다란 용광로는 힘이 세어

1_ 포뢰(蒲牢): 고래를 무서워해서 고래가 나타나면 큰 소리로 운다는 바다짐승.
2_ 사지(師摯)와 사광(師曠): 중국의 악관(樂官)들.
3_ 영주구(伶州鳩)가~권한 걸: 주(周)나라 악관 영주구가 경왕(景王)에게 순(舜)임금과 탕(湯)임금의 음악을 권하고, 종을 주조하지 못하도록 한 일을 말한다.

녹으면 옛날처럼 되겠지만
듣지 못했나 영주구(伶州鳩)가
공공연히 성인의 음악 권한 걸.3

寺樓一病鍾, 本亦良工鑄. 螭鈕細刻鱗, 之而粲可數. 庶作蒲牢吼, 仰充宮軒具.
頑髮巨木槌, 猛擊非過誤. 罍紋發篆帶, 硠聲出殘痏. 青豹旣病嗄, 亦爲衆所惡.
摯曠沒已久, 冤鬱惡誰訴. 悲風送嗚咽, 寥落靑山暮. 洪爐力甚雄, 鎔化可如故.
不聞伶州鳩, 公然諫韶濩.

'쇠북'은 종을 가리키는 옛 말이다. 폭력과 무지로 인해 좋은 자질이 파괴된 존재, 곧 제 목소리를 잃고 외면당한 종을 보며 다산은 귀양지의 자신을 돌아보았을 것이다. '목이 쉬어 버린 푸른 표범'의 이미지가 종과도, 다산과도 잘 부합한다.

당귀를 캐다

1

왜당귀를 캐고 캐기를
저 산기슭에서.
쌓인 것은 돌이요
무성한 것은 남가새라.
왜 힘들지 않겠냐만
왜당귀가 있으니까.

―

采蘄采蘄, 于彼山樊. 硪砢者石, 蒺藜蕃兮. 豈不病也, 唯蘄之存.

2

왜당귀를 캐고 캐기를
저 산꼭대기에서.

호랑이가 새끼 기르며
달리고 으르렁거리도다.
왜 위험하지 않겠냐만
왜당귀 싹을 봤으니까.

—

采蘼采蘼, 于彼山椒, 有虎穀子, 遂且虩兮, 豈不病也, 視彼蘼苗.

중국 고대의 노래를 기록한 책인 『시경』(詩經)에 실린 시 형식 가운데 하나를 본떠 읊었다. 사물을 노래하고 거기에 자신의 심정을 의탁하는 이른바 '흥'(興)의 형식이다. 구도(求道)의 과정을 당귀 캐는 일에 비겼다. '왜당귀'는 약용 식물이다.

고양이

남산골 한 늙은이 고양이를 길렀는데
여러 해 지나자 요사스런 늙은 여우처럼
초가집 아껴 둔 고기 밤마다 훔쳐 먹고
항아리 단지에 술병까지 뒤엎는구나.
어둠 속에서 맘껏 못되게 굴다가
문을 열고 소리치면 자취 없이 사라지는데
불 밝혀 비추면 온통 지저분한 흔적
이빨 자국 남은 찌꺼기만 흩어져 있네.
잠 설쳐 기운 빠진 늙은이가
백 번을 생각해 봐도 그저 긴 한숨.
이놈의 고양이 큰 잘못을 생각하면
당장 칼을 뽑아 벌을 주고 싶구나.
하늘이 본래 너를 낳은 건
쥐를 잡아 백성 피해 덜라는 것.
들쥐는 밭둑에 구멍 내 벼 이삭 나르고
집쥐는 온갖 것 훔쳐 가서
백성들 쥐 등쌀에 날마다 여위고

고혈(膏血)이 마르며 피골이 상접하기에
너를 보내 쥐 잡는 우두머리로 삼아
마음대로 찢어 죽일 힘을 주었지.
황금빛 반짝이는 두 눈을 주어
올빼미처럼 밤눈도 밝게 하고
가을하늘 새매처럼 강한 발톱도 주고
호랑이 톱날 같은 이빨도 주었지.
뛰어올라 때려잡는 날쌘 기운까지 주어
널 봤다 하면 쥐가 벌벌 떠니
매일 백 마리씩 잡은들 누가 말리랴
널 보기만 해도 잘생겼다 칭찬이 자자할 테지.
추수하고 제사 지낼 때 네 공을 보답하고자
노란 관 쓰고 큰 술잔에 술 따라 주었을 테지.
한데 지금 넌 쥐 한 마리 잡지 않고
되레 도둑질을 하는구나.
쥐는 본래 좀도둑이라 해가 적다지만
너는 힘도 세고 속셈도 음흉해서
쥐가 못하는 짓도 마음껏 저지르지.
처마에 매달리고 지붕 벗기고 바른 흙 무너뜨리니
이제 쥐들도 무서울 게 없어

쥐구멍 밖으로 나와 크게 웃고 수염 치켜들고선
훔친 걸 모아 네게 다시 뇌물로 바치고
태연하게 너와 함께 다니는구나.
일 벌이기 좋아하는 이들이 꼭 너를 닮아
하인이 쥐떼처럼 감싸고 지키고
나팔 불고 북 치며 음악을 연주하고
대장기(大將旗) 세우고 앞장을 서면
너처럼 큰 가마 타고 으스대면서
쥐떼들 다투어 따라붙는 거나 좋아하겠지.
내 이제 붉은 활 큰 화살로 너를 직접 쏘고
설치는 쥐들은 사냥개더러 잡으라 할 테야.

―

南山村翁養狸奴, 歲久妖兇學老狐. 夜夜草堂盜宿肉, 翻瓨覆甌連觸壺. 乘時陰黑逞狡獪, 推戶大喝形影無. 呼燈照見穢跡徧, 汁滓狼藉齒入膚. 老夫失睡筋力短, 百慮皎皎徒長吁. 念此狸奴罪惡極, 直欲奮劍行天誅. 皇天生汝本何用, 令汝捕鼠除民痡. 田鼠穴田蓄穉稬, 家鼠百物靡不偸. 民被鼠割日憔悴, 膏焦血涸皮骨枯. 是以遣汝爲鼠帥, 賜汝權力恣磔刳. 賜汝一雙熒煌黃金眼, 漆夜撮蚤如梟雛. 賜汝鐵爪如秋隼, 賜汝鋸齒如於菟. 賜汝飛騰搏擊驍勇氣, 鼠一見之凌兢俯伏恭獻軀. 日殺百鼠誰禁止, 但得觀者嘖嘖稱汝毛骨殊. 所以八蜡

之祭崇報汝, 黃冠酌酒用大觥. 汝今一鼠不曾捕, 顧乃自犯爲穿窬. 鼠本小盜
其害小, 汝今力雄勢高心計麤. 鼠所不能汝唯意, 攀檣撤蓋頹堅塗. 自今群鼠
無忌憚, 出穴大笑掀其鬚. 聚其盜物重賂汝, 泰然與汝行相俱. 好事往往亦貌
汝, 群鼠擁護如騶徒. 吹螺擊鼓爲法部, 樹纛立旗爲先驅. 汝乘大轎色夭矯. 但
喜群鼠爭奔趨, 我今形弓大箭手射汝, 若鼠橫行寧嗾盧.

고양이는 횡포를 일삼는 고을 수령을, 쥐는 고양이를 붙좇으며 백성을 수탈하는 아전
을 가리킨다. 마지막 구절에서 다산은 이들에 대한 강력한 척결 의지를 보이고 있다.

승냥이와 이리

1

승냥이야 이리야
우리 송아지 잡아갔으니
우리 양일랑 물지 마라.
옷상자에 저고리가 없고
옷걸이엔 치마가 없다.
항아리에 소금도 안 남았고
시루에 곡식도 안 남았다.
큰 솥 작은 솥 앗아 가고
숟가락 젓가락 털어갔구나.
도둑 강도도 아닌데
어찌 그리 못됐나
살인(殺人)한 자는 죽었는데
또 누굴 다치려나.

一

豺兮狼兮, 旣取我犢, 毋噬我羊, 笥旣無襦, 椸旣無裳, 甕無餘醞, 缾無餘糧, 錡釜旣奪, 匕筯旣攘, 匪盜匪寇, 何爲不臧, 殺人者死, 又誰戕兮.

2

이리야 승냥이야
우리 삽살이 잡아갔으니
우리 닭일랑 데려가지 마라.
자식은 이미 팔았고
아내야 누가 사랴.
너는 내 가죽 벗기고
내 뼈까지 부수었지.
우리 논밭을 보면
또 얼마나 맘이 아픈지
가라지도 나지 않는데
쑥이 나겠나.
살인한 자는 죽었는데
또 누굴 해치려나.

狼兮豺兮, 既取我牦, 毋縛我雞. 子旣粥矣, 誰買吾妻. 爾剝我膚, 而槌我骸. 視我田疇, 亦孔之哀. 稂莠不生, 其有蒿萊. 殺人者死, 又誰災兮.

3

승냥이와 호랑이는
말해도 소용없고
새와 짐승은
나무라도 소용없고
아버지와 어머니도
의지할 수가 없네.
잠시 호소도 해 봤지만
들은 체도 않네.
우리 논밭을 보면
또 얼마나 비참한지.
이리저리 떠돌다
구덩이에 처박히겠지.
아버지 어머니는

쌀밥에 고기반찬 드시며
방엔 기생까지 두었는데
그 얼굴 연꽃 봉오리 같네.

―

豺兮虎兮, 不可以語. 禽兮獸兮, 不可以詬. 亦有父母, 不可以恃. 薄言往愬, 襃
如充耳. 視我田疇, 亦孔之慘. 流兮轉兮, 塡于坑坎. 父兮母兮, 粱肉是啖. 房有
妓女, 顔如菡萏.

마을에서 일어난 살인 사건을 빌미로 관리들이 백성들에게 돈을 뜯어내자, 백성들이
흉년보다 더 심한 가난을 견디지 못해 뿔뿔이 흩어진 사건을 소재로 쓴 시이다. 승냥이
와 이리는 아전을 가리키며, 아버지와 어머니는 고을 수령을 가리킨다.

백성이 아프니 나도 아프네

저물녘 광양에서

작은 마을은 산기슭에 기대어 있고
황폐한 성은 바다를 곁하였네.
흙비 내린 큰길가의 숲은 어둡고
비를 머금은 바다 구름이 무섭구나.
빈 장터엔 까마귀와 까치가 소란스럽고
작은 다리 위엔 소라고둥 껍데기가 쌓여 있네.
요즘은 고기잡이 세금이 무거워
벌이가 날로 시원찮다네.

―

小聚依山坡, 荒城逼海潮. 漲霾官樹暗, 含雨島雲驕. 烏鵲爭虛市, 鱸螺疊小橋. 邇來漁稅重, 生理日蕭條.

―――

어촌의 저물녘 풍경이 어둡고 음산하기까지 하다. "요즘은 고기잡이 세금이 무거워 벌이가 날로 시원찮다네"라는 마지막 구절에서 다산의 근심을 읽을 수 있다.

사공의 탄식

내 본래 산에서 약초 캐는 늙은인데
우연히 강가의 뱃사공이 되었다네.
서풍이 불어와 서쪽 길 막았기에
동쪽을 향했더니 동풍이 길을 막네.
바람이 어찌 일부러 내 길을 막을까
내 스스로 바람을 따르지 않은 것이지.
아서라!
바람이 그르니 내가 옳으니 따져 본들
산으로 돌아가 약초 캐는 것만 같지 않네.

―

我本山中採藥翁, 偶來江上爲篙工. 西風吹斷西江路, 却向東江遇東風. 豈其風吹故違我, 我自不與風西東. 已焉哉. 莫問風非與我是, 不如採藥還山中.

늙은 사공의 목소리를 빌려 그 애환을 노래하고 있는 시이다. 민생(民生)의 세세한 부분까지 가닿는 다산의 연민 어린 눈길이 느껴진다.

호박 훔친 종

열흘 장맛비에 다니던 길 사라지고
성중(城中) 가난한 골목엔 밥 짓는 연기 사라졌네.
태학(太學)에서 집으로 돌아오니
문전(門前)부터 시끌벅적 떠드는 소리.
들어 보니 쌀 단지 빈 지 몇 날이 되어
호박죽을 쑤어 끼니를 때웠는데
어린 호박은 다 따 먹어 어쩌지 못하고
늦게 핀 꽃은 지지 않아 열매를 안 맺었기에
옆집 밭의 단지만 한 커다란 호박을
어린 종이 몰래 엿보다 훔쳐 왔는데
주인 위해 한 일이건만 도리어 역정을 사서
누가 널 이리 가르쳤나 호되게 매를 맞네.
어허, 아이는 죄 없으니 이제 그만 화 풀고
이 호박은 내 먹으리니 더 이상 말을 마오.
밭 주인한테 솔직히 얘기하는 게 낫지
오릉중자(於陵仲子)처럼 결벽한 건 싫다오.
나도 언젠간 출세할 날 있겠지만

그게 안 되면 가서 금광이나 파야지.
책 만 권을 읽는다고 아내가 배부르랴
이 경(頃)이면 아이종도 그런 일 안 할 텐데.

―

苦雨一旬徑路滅, 城中僻巷煙火絶. 我從太學歸視家, 入門譁然有饒舌. 聞說
罌空已數日, 南瓜霧取充哺歠. 早瓜摘盡當奈何, 晚花未落子未結. 鄰圃瓜肥
大如瓵, 小婢潛窺行鼠竊. 歸來效忠反逢怒, 孰敎汝竊箠罵切. 嗚呼無罪且莫
嗔, 我喫此瓜休再說. 爲我磊落告圃翁, 於陵小廉吾不屑. 會有會風吹羽翮, 不
然去鑿生金穴. 破書萬卷妻何飽, 有田二頃婢乃潔.

이 시를 쓸 당시 다산은 태학(太學: 성균관)의 학생이었던 때문에 경제 사정이 넉넉지
못했다. 끼니를 위해 호박을 훔친 종과 그것을 꾸짖는 다산의 아내, 종을 감싸는 다산의
행동이 모두 이해가 간다. '오릉중자'(於陵仲子)는 형이 의롭지 못한 녹을 받는다 하여
형과 어머니를 피했던 결벽한 인물이다. '경'(頃)은 3천 평 정도에 해당하는 넓이이다.

시골집

냇가 부서진 집 바리때같이
북풍이 띠지붕 걷어가 서까래만 앙상.
오래된 재 위에 눈 쌓인 부뚜막은 썰렁하고
체 눈처럼 숭숭 뚫린 벽 틈으로 별빛이 비치네.
집안 살림 초라하기만 해
팔아도 일곱 푼이 안 되네.
삽살개 꼬리 같은 조 이삭 셋
닭 염통 같은 매운 산초 한 꼬챙이.
항아리 깨져 새는 곳은 베로 막았고
떨어지려는 시렁은 새끼줄로 묶었네.
놋숟가락은 접때 이장(里長)이 가져가고
무쇠솥은 오래잖아 이웃 부자가 앗아 갔지.
이불이라곤 다 해진 무명 이불 한 채니
부부유별(夫婦有別)은 말이 안 되지.
구멍 난 저고리에 어깨 팔꿈치 드러낸 아이들
태어나 바지 버선은 걸쳐 보지도 못했지.
큰애는 다섯 살에 기병(騎兵)으로 등록되고

작은애는 세 살에 군적(軍籍)에 올라
두 아이 세금으로 오백 푼을 바쳤으니
어서 죽었으면 싶은데 옷과 신이 다 뭐람.
강아지 세 마리와 아이들이 함께 자는데
호랑이는 밤마다 울타리에서 으흥.
남편은 산에서 나무하고 아내는 방아품 파니
대낮에도 닫힌 문에 슬픔이 가득.
아침 점심 굶고는 밤에 와 밥을 짓고
여름에는 가죽옷 겨울에는 베옷.
깊이 박힌 냉이 캐려면 언 땅이 녹아야 하고
술지게미 먹으려면 시골에 술이 익어야지.
지난봄에 꿔다 먹은 곡식이 닷 말이니
올해는 살아갈 방도가 없어라.
포졸이 대문에 들이닥칠까 겁날 뿐
관아에서 맞는 건 걱정거리도 아니라네.
아아, 이런 집들이 천지에 가득한데
깊디깊은 궁궐에서 어이 다 살피리.
한(漢)나라의 직지사자(直指使者)[1]는
큰 고을 수령도 뜻대로 처결했건만
이 폐단의 근원은 어지러워 바룰 수 없으니

1_ 한(漢)나라의 직지사자(直指使者): 조선의 암행어사와 같은 벼슬이다.
2_ 공수(龔遂)와 황패(黃霸): 한(漢)나라 때 선정을 베풀어 이름난 지방관이다.
3_ 정협(鄭俠): 송(宋)나라의 관리로, 가뭄에 굶주려 떠도는 백성의 모습을 〈유민도〉(流民圖)라는 그림으로 그려 신종(神宗)에게 올렸고, 이에 신종은 실정(失政)을 뉘우치고 왕안석의 신법을 혁파했다.

공수(龔遂)와 황패(黃霸)[2]가 있어도 뿌리 뽑기 어려우리.
유랑하는 백성을 그렸던 정협(鄭俠)[3]을 따라
애오라지 이 광경 시로 그려 대궐에 바쳐야지.

―

臨溪破屋如瓷鉢, 北風捲茅榱鬱鬱. 薪灰和雪竈口冷, 壞壁透星篩眼谿. 室中所有太蕭條, 變賣不抵錢七八. 尨尾三條山粟穎, 雞心一串番椒辣. 破甖布糊穿漏, 皮架索縛防墜脫. 銅匙舊遭里正攘, 鐵鍋新被鄰豪奪. 靑綿敝衾只一領, 夫婦有別論非達. 兒穉穿襦露肩肘, 生來不著袴與襪. 大兒五歲騎兵簽, 小兒三歲軍官括. 兩兒歲貢錢五百, 願渠速死況衣褐. 狗生三子兒共宿, 豹虎夜夜籬邊喝. 郞去山樵婦傭舂, 白晝掩門氣慘怛. 晝闕再食夜還炊, 夏每一裘冬必葛. 野薺苗沈待地融, 村篘糟出須酒醱. 餉米前春食五斗, 此事今年定未活. 只怕邏卒到門扉, 不愁縣閣受笞撻. 嗚呼此屋滿天地, 九重如海那盡察. 直指使者漢時官, 吏二千石專黜殺. 弊源亂本棼未正, 龔黃復起難自拔. 遠摹鄭俠流民圖, 聊寫新詩歸紫闥.

어린아이를 군적에 올리는 등 갖은 수단을 동원하여 백성을 착취한 조선 후기 지방 관리들의 악행과 파탄 난 민생을 고발한 시이다. 백성의 참상을 목도한 다산의 분노와 슬픔이 절절하다. 1794년 암행어사로 순찰할 때의 작품이다.

장인과 기녀

대장장이여 풀무로 철사줄 달구지 말라
빨간 불똥 튀겨 머리털 모두 탄다.
옥장이1_여 모래로 옥덩이 갈지 말라
추운 날씨에 손 트고 물집 잡힌다.
상방(尙方)2_의 어린 기녀는 향내 풍기며
자주색 짧은 담비 가죽에 푸른 비단치마 입었네.
뒷방에서 담요 덮고 따뜻하게 졸면서
종일 지은 거라곤 패물 주머니 하나.
검은 보 붉은 쟁반에 맛난 음식 다투어 바쳐도
어만두3_ 꿩 불고기를 맛보기도 귀찮아하네.
태농(太農)의 무명베 삼백 필이 들어오면
기녀가 둘을 갖고 공인(工人)이 하나를 갖는데
공인은 베를 팔러 쌀가게로 달려가고
기녀는 베를 찢어 춤출 자리를 꾸민다오.
베를 짠 가난한 여인의 집엔
베틀 북에 넣을 실 한 가닥 남지 않았건만.

1_ 옥장이: 옥을 다루는 장인.
2_ 상방(尙方): 임금의 의복과 궁궐의 일용품 등을 관장하던 관아.
3_ 어만두: 민어로 만든 만두.

一

鍛人爾莫吹韛鍛鐵條, 紅燔黏髮髮盡焦. 玉人爾莫搏沙磋璞玉, 天寒手龜肌生粟. 尙方小妓艾蒳香, 紫貂短裘靑綃裳. 曲房線毯溫欲睡, 終日縫成一珮囊. 鴉帕朱槃競致餽, 魚饅雉炙備不嘗. 太農棉布三百匹, 妓獲其二工得一. 工家賣布走米廛, 妓家裂布裝舞筵. 布來遠自寒女屋, 再無一絲充杼柚.

육체노동으로 연명하는 백성들의 가난한 생활과 기녀의 풍족한 생활을 대조적으로 보여 주고 있다. 가난한 여인이 짠 베가 누구에게는 밥이요, 누구에게는 없어도 좋을 치장거리인 것이다.

굶주리는 백성

1

우리 인생 풀과 나무와 같아
물과 흙으로 살아간다네.
힘써 일해 땅엣것을 먹고 사나니
콩과 조를 먹고 사는 게 옳건만
콩과 조가 보석처럼 귀하니
무슨 수로 혈기가 좋을쏘냐.
야윈 목은 고니처럼 구부러지고
병든 살은 닭 껍데기처럼 주름졌네.
우물이 있어도 새벽에 물 긷지 않고
땔감이 있어도 저녁에 밥 짓지 않네.
팔다리는 그럭저럭 놀리지만
마음대로 걷지는 못한다네.
너른 들판엔 늦가을 바람이 매서운데
저물녘 슬픈 기러기는 어디로 가나?
고을 원님이 어진 정치를 하고

사재(私財)로 백성 구휼한다기에
관아 문으로 줄지어 가
끓인 죽 우러르며 앞으로 나서네.
개돼지도 버리고 돌아보지 않을 것을
사람이 엿처럼 달게 먹는구나.
어진 정치는 기대도 않았고
사재 털기도 기대치 않았네.
관아의 재물은 꽁꽁 숨겼으니
어찌 우리가 여위지 않겠나.
관아 마구간의 살찐 애마(愛馬)들은
실은 우리의 살이라네.
슬피 울부짖으며 관아 문을 나서
두리번두리번 갈림길만 헤매네.
잠시 누른 풀 언덕에서
무릎 펴고 우는 아이 달래고
고개를 숙이고 서캐를 잡다가
두 눈에서 눈물을 줄줄 흘리네.

―

人生若艸木, 水土延其支. 儵焉食地毛, 菽粟乃其宜. 菽粟如珠玉, 榮衛何由滋.

槁項瀕鵠形, 病肉縐雞皮. 有井不晨汲, 有薪不夜炊. 四肢雖得運, 行步不自持.
曠野多悲風, 哀鴻暮何之. 縣官行仁政, 賑恤云捐私. 行行至縣門, 喎喎就湯麋.
狗彘棄不顧, 乃人甘如飴. 亦不願行仁, 亦不願捐貲. 官篋惡人窺, 豈非我所羸.
官廄愛馬肥, 實爲我膚肌. 哀號出縣門, 眩旋迷路岐. 暫就黃莎岸, 舒膝挽啼兒.
低頭捕蟣蝨, 汪然雙淚垂.

2

크나큰 조화(造化)의 이치를
고금에 누가 알리.
많고 많은 백성들
여위고 병들고
말라서 굶어 죽고 허약해 쓰러지고
길엔 온통 떠돌이들이네.
머리에 이고 등에 지고 오라는 데 없어
어디로 가얄지 끝내 알 수가 없네.
혈육도 돌보지 못하니
곤경을 만나 사람 도리도 못하누나.
큰 농사꾼도 거지가 되어

서투른 말솜씨로 남의 집 대문을 두드리는데
가난한 집에선 되레 하소연을 하고
부잣집에선 일부러 늑장을 부리네.
새라면 벌레를 쪼아 먹고
물고기라면 연못에서 헤엄치겠건만
얼굴빛은 비참하게 누렇고
머리칼은 헝클어진 실과 같네.
옛 성현은 어진 정치를 행할 때
홀아비 과부의 괴로움을 살펴야 한댔지만
홀아비 과부가 정말로 부럽다네
굶어도 제 한 몸 굶는 것이니
딸린 식구 없다면야
온갖 근심 있을 리 있나.
봄바람이 단비를 데려와
초목이 무성하게 자라고
천지에 생기가 가득하니
이때야말로 백성 구휼해야지.
엄숙한 조정의 훌륭한 분들아
나라의 안위(安危)는 경제에 달렸다오.
고통에 빠져 있는 백성들을

그대들 아니면 누가 건지리.

—

悠悠大化理, 今古有誰知. 林林生蒸民, 憔悴含瘡痍. 槁苶弱不振, 道塗逢流離.
負戴靡所聘, 不知竟何之. 骨肉且莫保, 迫厄傷天彝. 上農爲丐子, 叩門拙言辭.
貧家反訴哀, 富家故自遲. 非鳥莫啄蟲, 非魚莫泳池. 顔色慘浮黃, 鬢髮如亂絲.
聖賢施仁政, 常言鰥寡悲. 鰥寡眞足羨, 飢亦是己飢. 令無家室累, 豈有逢百罹.
春風引好雨, 艸木發榮滋. 生意藹天地, 賑貸此其時. 肅肅廊廟賢, 經濟仗安危.
生靈在塗炭, 拯拔非公誰.

3

누렇게 뜬 얼굴은 윤기가 없어
가을 되기 전에 시든 버들 같고
곱사등이처럼 몸이 굽어 걷지를 못해
담을 의지해 겨우 일어나네.
혈육도 돌보지 못하는데
어찌 남을 동정하겠나?
굶주림에 착한 마음을 잃어

약하고 병든 이를 보며 웃고 떠드네.
이웃 마을을 떠돌아 보지만
마을 풍속 예전 같질 않네.
부러워라 저 들판의 참새는
마른 나뭇가지 위에서 벌레를 쪼는구나.
부잣집엔 술이랑 고기도 많고
이름난 기생 불러 풍악도 울리고
태평세월을 흥겹게 즐기면서
장엄한 조정의 풍도(風度)라 하네.
교활한 백성들은 없는 말 하길 좋아하고
물정 모르는 선비는 시절 걱정이 많구나.
오곡(五穀)이 지천에 널렸건만
농사에 게을러 굶는 거라 하고
빽빽한 수풀처럼 많은 백성은
요임금 순임금도 모두 챙기기 어렵다 하네.
하늘에서 곡식이 비처럼 내리지 않고서야
무슨 수로 이 흉년을 구제할까?
다시 술병을 기울여 마시니
나부끼는 깃발에 봄날이 아득해지네.
골짜기엔 묻힐 땅 남아 있나니

사람은 누구나 한 번 죽을 뿐이지.
오매초(烏昧草)가 있다 해도
대궐에 바칠 필요는 없을 거야.
형제가 서로 사랑하지 않는데
부모인들 자애를 베풀겠나.

—

黃馘索無光, 枯柳先秋萎. 傴僂不成步, 循墻强扶持. 骨肉不相保, 行路那足悲.
生理梏天仁, 談笑見厄贏. 宛轉之四鄰, 里俗本如斯. 羨彼野田雀, 啄蟲坐枯枝.
朱門多酒肉, 絲管邀名姬. 熙熙太平象, 儼儼廊廟姿. 奸民好詐言, 迂儒多憂時.
五穀且如土, 惰農自乏貲. 林蔥何其繁, 堯舜病博施. 不有天雨粟, 何以救歲飢.
且復倒一壺, 曲旆春迷離. 溝壑有餘地, 一死人所期. 雖有烏昧草, 不必獻丹墀.
兄長不相憐, 父母安施慈.

다산의 애민시(愛民詩) 가운데 대표적인 작품이다. 세 편의 연작시를 통해 수탈당하는 백성의 고통을 사실적으로 묘사하였다. 이가환(李家煥, 1742~1801)은 연작시의 두 번째 수에 대해 "맺는 구절이 완곡하고 엄숙하다. 몽둥이로 때리거나, 욕하며 꾸짖는 것보다 더 아프다"라는 절실한 평을 한 바 있다. 언덕에서 아이의 머릿니를 잡아 주려 고개를 숙이다 눈물을 줄줄 흘리고 만다는 첫 번째 시의 마지막 구절은 철석같은 마음을 가진 이의 눈시울조차 적실 듯하다. 세 번째 수에 나오는 '오매초'는 보리의 일종으로, 송나라 범중엄(范仲淹)은 백성의 가난을 알리고자 천자에게 오매초를 바쳤다.

해녀

아가는 실오라기 하나 안 걸치고
맑은 연못인 양 바다를 드나드네.
엉덩이 들고 머리 박고 물로 쑥 들어가
오리처럼 아무렇지 않게 잔물결에 노니네.
소용돌이 사라지고 사람도 안 보이고
박 하나만 둥실 물 위에 떠 있더니
물쥐처럼 홀연히 머리를 내밀고
휘파람 불며 획하니 몸을 따라 구부리네.
구멍이 아홉에 손바닥만한 깨끗한 소라는
귀한 양반 댁 부엌에서 술안주로 만드는데
어떨 땐 바위틈에 꽉 달라붙어 있어
캐려다간 솜씨 좋은 사람도 죽고 만다오.
아아! 아가의 죽음에 무슨 말을 하겠나만
벼슬길 속물도 헤엄치는 것과 뭐가 다를까.

―

兒哥身不着一絲兒, 出沒瀛海如淸池. 尻高首下鷲入水, 花鴨依然戱漣漪. 洄文

徐合人不見, 一壺汎汎行水面. 忽擧頭出如水鼠, 劃然一嘯身隨轉. 矸螺九孔
大如掌, 貴人廚下充都膳. 有時蚌鷸粘石齒, 能者於斯亦抵死. 嗚呼兒哥之死
何足言, 名途熱客皆泅水.

이 시는 정약용이 장기에서 유배 생활을 하면서 본 해녀의 풍속을 읊은 것이다. '아가'
는 장기 토박이말로 며느리를 뜻한다고 한다. 양반의 안주를 마련하기 위해 목숨을 걸
어야 하는 '아가'의 위험한 노동은 안타깝기 그지없는 일이지만 하층민의 생업이기에
어쩔 수가 없다. '아가의 죽음은 뭐라 할 수 없는 것'이라는 말은 그런 뜻이다.

보리타작

새로 거른 막걸리는 우유처럼 뽀얗고
큰 주발에 보리밥은 높이가 한 길이네.
밥 먹고 도리깨 들고 타작마당에 나서니
검게 그은 양 어깨가 햇빛에 번들번들.
으랏차 소리치며 나란히 발을 드니
순식간에 보리 이삭 여기저기 그득하네.
매기고 받는 잡가(雜歌) 갈수록 높아지고
보이는 거라곤 처마까지 날리는 보리뿐.
표정들을 보니 못내 즐거워
먹고사는 데 급급한 마음 아니네.
낙원은 멀리 있는 게 아닌데
뭐 하러 힘들게 가 벼슬살이하겠나.

—

新篘濁酒如湩白, 大碗麥飯高一尺. 飯罷取耞登場立, 雙肩漆澤翻日赤. 呼邪作聲擧趾齊, 須臾麥穗都狼藉. 雜歌互答聲轉高, 但見屋角紛飛麥. 觀其氣色樂莫樂, 了不以心爲形役. 樂園樂郊不遠有, 何苦去作風塵客.

다산의 애민시 가운데는 백성의 고통과 슬픔을 노래한 것이 많지만 이렇게 백성들의 건강한 생명력을 노래한 것들도 있다. 뽀얀 막걸리, 고봉 보리밥, 번들거리는 검은 어깨, 으랏차 소리, 잡가 소리 등 시각적·청각적 이미지가 생동감 넘친다.

스스로 거세한 사내를 슬퍼함

노전(蘆田) 마을 젊은 여인 기나긴 통곡 소리
동네 어귀 향해 소리치고 하늘에 울부짖네.
전쟁 간 남편이 못 돌아오는 일은 있어도
사내가 거세(去勢)했다는 말은 들어 본 적이 없네.
시아버지는 돌아가시고 아이는 갓 태어났는데
시아버지 남편 아이 모두 군인 몫을 하라니
야속하여 찾아가 호소해 봐도 문지기는 호랑이 같고
이장(里長)은 사납게 외양간에서 소를 끌어가네.
칼을 갈아 방으로 들어가니 자리에 피가 흥건
자식 낳아 이런 고통 당하는 게 원통해 그랬다 하네.
죄가 있어 거세 당한 게 아니라
출세하려 거세한 민(閩) 땅의 아들도 불쌍한데
대대로 자식을 낳는 건 하늘의 이치라서
하늘 기운은 아들 되고 땅 기운은 딸이 된다오.
거세한 말 돼지도 불쌍타 할 것인데
하물며 대를 이어 갈 백성이야 어떠하랴?
잘사는 집은 일 년 내내 풍악을 울리며

쌀 한 톨 비단 한 조각 바치잖는데
똑같은 우리 백성 어찌 그리 다른가
객창에서 '비둘기 시'를 외워 본다네.

—

蘆田少婦哭聲長, 哭向縣門號穹蒼. 夫征不復尙可有, 自古未聞男絶陽. 舅喪已縞兒未澡, 三代名簽在軍保. 薄言往愬虎守閽, 里正咆哮牛去皁. 磨刀入房血滿席, 自恨生兒遭窘厄. 蠶室淫刑豈有辜, 閩囝去勢良亦慽. 生生之理天所予, 乾道成男坤道女. 騸馬豶豕猶云悲, 況乃生民思繼序. 豪家終歲奏管弦, 粒米寸帛無所捐. 均吾赤子何厚薄, 客窓重誦鳲鳩篇.

죽은 사람과 어린아이에게까지 군포(軍布)를 징수하는 가혹한 현실에 대한 비판이 담겨 있는 시로, 스스로 거세한 남성의 사연을 통해 백성의 고통을 여실히 전달하고 있다. '민(閩) 땅의 아들'이 출세를 위해 거세했다는 것은 당나라 때 민 땅 사람을 환관으로 썼기에 한 말이다. '비둘기 시'란 군자의 마음이 공정함을 찬양한 『시경』의 시로, 여기서는 분배의 정의가 실현되는 사회를 염원하는 다산의 마음을 대신하고 있다.

단비

모가 말라 농부가 애타면
군자의 마음도 아프다네.
아이가 병들었을 때
엄마 맘이 타들어 가듯이.
물기 없는 두레박이 밤새 삐걱대고
숱한 이들 우물가에 붐벼도
뜨거운 가마솥에 물 몇 방울처럼
힘만 들고 결과는 신통치 않네.
눈앞에 큰 강이 보이건만
물길 끌어 오기가 너무 힘들어.
하늘의 마음은 끝내 인자하고 따뜻해
차마 제 힘을 아껴 두지 못하고
남풍(南風)으로 바다 기운을 몰아와
비구름으로 산등성이를 덮었네.
쏟아지는 비가 천지를 흔들고
골짜기마다 작은 폭포가 걸렸네.
낮은 논은 넘치는 물 쏟아 내고

높은 논은 두둑을 든든히 쌓고.
써레 쟁기 들판에 나와
모내기 노래 즐겁구나.
내 지금 절에 머물며
집 떠나 돌아가지 못하는 사람이요
부평초처럼 고단하게 떠돌며
세상에 등 돌린 외로운 신세라네.
혼자라야 진정한 기쁨을 안다지만
내가 봐도 나는 참 어리석다오.
한평생 백성 걱정
곤궁 속에서도 떨치지 못하네.
임금께서도 정무(政務)에 바빠 끼니를 거르시는데
현미밥인들 어찌 나만 편히 먹겠나.
풍년 들어 백성이 기뻐하면
이 죄인도 얼굴이 펴질 텐데.
이내 처지 저 모와 같으니
마른 것들 모두 살아났으면 좋겠네.
뎅뎅 저녁 종 울리면
스님 따라 절인 나물에 밥 먹어야지.

田家憫苗枯, 君子所悲酸. 有如孩兒病, 萎黃焦母肝. 桔橰竟夜鳴, 百夫爭井欄.
點滴救燋釜, 力浩功則孱. 咫尺見溟渤, 轉移何其艱. 天意竟仁惻, 所能不忍慳.
南風吹海氣, 霏靄蒙山巒. 快雨動天地, 百谷縣飛湍. 下田瀉餘水, 高田補防閑.
耙橯布原野, 秧歌其聲歡. 余時滯山寺, 似別家未還. 漂流劇萍梗, 迥立身世單.
喜悅良獨眞, 自視誠愚頑. 平生黎庶憂, 困窮猶未刪. 天尊尙旰食, 疏糲敢自安.
年豐民得樂, 負罪亦怡顏. 物我均所遇, 枯槁望蘇完. 鏗鏗晚鍾動, 鹽蔌隨僧餐.

가뭄 끝의 단비에 기뻐하는 다산의 모습에는 단비를 만나 마른 모가 살아나듯 자신의 처지도 나아지기를 바라는 바람이 담겨 있다. 한시름 덜었으니 스님하고 밥 먹어야겠다는 마지막 구절이 참으로 천진하다.

소나무 없애는 승려

백련사(白蓮寺) 서쪽 석름봉(石廩峯)에
한 승려가 걷다 멈췄다 소나무를 뽑고 있네.
땅 위로 겨우 나온 어린 소나무는
연한 줄기 부드런 잎이 퍽 무성해서
어린아이처럼 몹시 아끼며 보살펴야
훌륭히 자라 꿈틀거리는 용이 될 텐데
어째서 뵈는 대로 모두 뽑아
싹도 자르고 씨도 없애나.
농부가 호미 들고 가래 지고
농사 지으려 열심히 잡초를 뽑듯.
향리(鄕里) 아전들이 길을 정비하면서
사람 다니는 길 가시나무 쳐 없애듯.
위오(鵷敖)가 어릴 적 착한 마음으로
길에서 만난 독사를 죽여 버리듯.
독이 바짝 오른 귀신이 붉은 머리 산발하고
떠들썩하게 9천 그루 나무를 뽑아 버리듯.
승려를 불러다가 까닭을 물으니

목이 메어 말 못하고 이슬 같은 눈물만 떨구네.
"옛날 이 산에서 정성스레 소나무를 기를 제
승려와 비구니가 검소하고 공손하여
땔나무 아끼려 찬밥을 먹기도 하고
새벽종 울 때까지 산을 돌며 지켜
읍내 나무꾼 감히 얼씬 못했으니
마을 사람 도끼날은 말할 것도 없었는데
수영(水營)의 졸개가 장군 명령 듣고서는
땅벌 같은 기세로 와 문 열고 말 내리더니
지난해 바람에 꺾인 나무를 트집 잡아
중이 법을 어겼다며 가슴을 때리기에
하늘에 맹세했지만 화를 풀지 않아
일만 냥 집어 주고 겨우 넘겼는데
올해는 소나무 베어 항구로 내가면서
왜적 막을 큰 배를 만든다더니
조각배 한 척도 만들지 않고선
옛 모습 자취 없이 우리 산만 망쳤다오.
이 소나무 어리지만 놔두면 자랄 테니
화근 없애는 일 게을리 하면 안 되겠기에
전에 솔 심었듯이 이제는 다 뽑아 버리고

잡목이나 남겨 겨울 겨우 나렸는데
아침에 영이 내려 비자나무 찾는다 하니
그마저 뽑아 버리고 산문을 닫으려오."

―

白蓮寺西石廩峯, 有僧彳亍行拔松, 稺松出地纔數寸, 嫩幹柔葉何丰茸. 要待直須深愛護, 老大況復成蚪龍. 胡爲觸目皆拔去, 絶其萌蘗湛其宗. 有如田翁荷鋤攜長橇, 力除稂莠勤爲農. 又如鄕亭小吏治官道, 剪伐茨棘通人蹤. 又如蔦敖兒時樹陰德, 道逢毒蛇戩殘凶. 又如紫髯鬼披赤髮, 技木九千聲訩訩. 招僧至前問其意, 僧咽不語淚如露. 此山養松昔勤苦, 闍梨芝蕳邀約恭. 惜薪有時饔冷飯, 巡山直至鳴晨鐘. 邑中之樵不敢近, 況乃村斧洋其鋒. 水營小校聞將令, 入門下馬氣如蜂. 枉捉前年風折木, 謂僧犯法撞其胸. 僧呼蒼天怒不息, 行錢一萬纔彌縫. 今年斫松出港口, 爲言備倭造艨艟. 一葉之舟且不製, 只賭我山無舊容. 此松雖穉留則大, 拔出禍根那得憛. 自今課拔如課種, 猶殘雜木聊禦冬. 官帖朝來索榧子, 且拔此木山門封.

─────

가혹한 수탈을 못 이겨 절의 소나무를 뽑아 없애는 승려의 모습이 「스스로 거세한 사내를 슬퍼함」의 사내, 「모를 뽑아 버리다」의 아낙의 모습과 겹친다. '백련사'는 다산초당(茶山艸堂) 가까이에 있던 절로, 다산은 강진 유배 시절 이 절을 자주 찾았다.

쑥

1

쑥을 캐고 캐는데
다북쑥이 아니라 개쑥이네.
양처럼 무리 지어
산비탈을 올라서
푸른 치마에 등을 굽히고
붉은 머리칼 기울이네.
쑥 캐서 엇다 쓸까
눈물이 쏟아진다네.
시루엔 곡식 한 톨 없고
들에는 새싹 하나 없이
오직 쑥만 자라
무더기를 이뤘기에
볕 쬐고 말리고
데치고 절여서
미음 쑤고 죽 쑤려

그래서 캐는 거지.

—

采蒿采蒿, 匪蒿伊莪. 群行如羊, 遵彼山坡. 青裙偊僂, 紅髮俄兮. 采蒿何爲, 涕澇沱兮. 瓶無殘粟, 野無萌芽. 唯蒿生之, 爲毬爲科. 乾之蔌之, 瀹之鹺之. 我饁我饘, 庶无他兮.

2

쑥을 캐고 캐는데
다북쑥이 아니라 개쑥이네.
명아주 비름은 다 시들고
쇠귀나물은 싹도 트질 않고
제사 지내느라 마른 풀도 다 태우고
강물 샘물도 말라 버려
논에는 우렁이도 없고
바다에는 맛도 백합도 없네.
나으리들은 살피지도 않고
말로만 흉년이요 기근이라 하네.

가을에 다 죽을 판인데
봄 되면 구제한다나.
남편은 이미 떠났으니
누가 날 묻어 줄까.
아 하느님이시여
왜 굽어 살피지 않는 건가요?

—

采蒿采蒿, 匪蒿伊蔚. 藜莧其萎, 慈姑不孕. 鈃燼其焦, 水泉其盡. 田無田靑, 海無鹽蜃. 君子不察, 曰饑曰饉. 秋之旣殞, 春將賑兮. 夫堉旣流, 誰其殣兮. 嗚呼蒼天, 曷其不愁.

3

쑥을 캐고 캐는데
어쩌다 개제비쑥도 캐고
어쩌다 뺑때쑥도 캐고
어쩌다 겨우 다북쑥을 캔다네.
오랑캐 땅에서 난 푸른 쑥이며

미나리 싹이며
무얼 가리겠나
다 캐도 모자란데.
뽑고 또 뽑아
광주리 바구니에 담고
돌아와 죽을 쑤니
서로 많이 먹겠다고
형과 아우가 엎치락뒤치락
온 집 안이 떠들썩하네.
원망하고 욕하며
올빼미처럼 울어 대네.

—

采蒿采蒿, 或得其蕭, 或得其蔄, 或得其蒿, 方濆由胡, 馬新之苗. 曾是不擇, 曾是不饒. 蕚之捋之, 于筥于筲. 歸焉鬻之, 爲饘爲饔. 兄弟相攫, 滿室其嚻. 胥怨胥詈, 如鴟如梟.

흉년이 들어 쑥을 넣어 쑨 죽으로 연명하는 백성들을 걱정하며 쓴 시이다. 다산은 백성들의 가난과 굶주림은 물론, 그로 인해 백성들이 인정(人情)을 잃어 가는 것 또한 몹시 걱정했는데, 이 시의 세 번째 수에서도 그런 마음을 읽을 수 있다. 강진의 다산초당에 있을 때 쓴 시이다. '다복쑥'은 옛날에 쑥을 부르던 말이다. 둘째 수에 나오는 '맛'은 조개의 일종으로 가늘고 길쭉한 모양이다.

모를 뽑아 버리다

1

벼 싹이 돋을 땐
옅은 초록에 짙은 노랑.
비단과 같이
푸른빛이 드리워
아이를 사랑하듯
아침저녁 돌보고
보석처럼 소중히 여겨
보기만 해도 즐겁다오.

―

稻苗之生, 嫩綠濃黃. 如綺如錦, 翠葰其光. 愛之如嬰孩, 朝夕顧視. 寶之如珠玉, 見焉則喜.

2

머리를 산발한 여인이
논 가운데 주저앉아
소리 내어 울면서
하늘 향해 울부짖네.
못내 정을 끊고
그 벼 싹을 뽑아 버리니
한여름이언만
찬바람이 서글프네.

—

有女蓬髮, 箕踞田中, 放聲號咷, 呼彼蒼穹. 忍而割恩, 拔此稻苗. 盛夏之月, 悲風蕭蕭.

3

무성한 우리 모를
내 손으로 뽑아 버리다니.

무성한 우리 모를
내 손으로 죽여 버리다니.
무성한 우리 모를
잡초처럼 내다 버리다니.
무성한 우리 모를
화톳불처럼 태워 버리다니.

―

芃芃我苗, 予手拔之. 蘱蘱我苗, 予手殺之. 芃芃我苗, 薰之如蕘. 蘱蘱我苗, 焚之如燔.

4

뽑아 묶어
웅덩이에 두었다가
혹 비라도 내리면
낮은 땅에 심어 볼까.
내 자식이 셋인데
젖먹이도 있고 젖 뗀 애도 있네.

그중 하나를 죽여서라도
이 어린 모 살린다면야.

―

搣之束之, 寘彼溪窊. 庶幾其雨, 揷之洿邪. 我有三子, 或乳或食. 願殪其一, 赦此穉稺.

―

1810년 다산초당에 거처하던 시절의 시로, 그해 가뭄으로 모를 옮겨 심지 못하여 농부들이 모를 뽑아 버렸는데 통곡 소리가 들판을 메웠다고 한다. 자식을 죽여서라도 어린 모를 살리고 싶다는 말이 처절하다.

보리죽

1

동편 집에 드륵드륵
서편 집에 드륵드륵.
보리 볶아 죽 쑤느라
맷돌 소리 시끄럽네.
체로 치지도 않고
키로 까불지도 않고
그대로 죽을 쑤어
주린 배를 채우네.
썩은 날숨 신트림에
햇빛이 어찔어찔.
해와 달이 어둑어둑
천지가 빙글빙글.

―

東家硙硙, 西家硙硙. 熬麥爲麩, 磨之紛紛. 有麩不篩, 有麩不揚. 粥之爲麩,

填此芋腸, 晙腐喬酸, 爲嘔爲眩, 日月無光, 天地旋轉.

2

아침에 보리죽 한 입
저녁에 보리죽 한 입.
그나마도 부족한데
배부르길 바라겠나.
있는 건 뭐든 팔아
보리를 사려 해도
내 것은 팔리질 않는
기와나 자갈과 같아.
곡식은 날개 돋친 듯 팔려
옥과 구슬과 같다네.
보리 한 자루에
모여든 자 백 명이라네.

─

朝一溢麩, 暮一溢麩, 麩將不繼, 遑敢求飫, 靡物不賣, 言市其麥, 我貨弗售, 如

瓦如礫. 爾饟其翔, 如圭如璧. 一囊之麥, 聚者維百.

3

보아하니 보리죽도
동네 부자라야 먹는 것.
으리으리한 집
나무 울창한 뜰.
소나무 대나무에
감나무 산밤나무.
옷걸이엔 비단옷
찬장에는 놋그릇.
우리에는 잠든 소
횃대에는 깃들인 닭.
말 잘하고 힘도 세고
수염도 멋있다네.

—

我視麩者, 里中之傑. 棟宇隆隆, 園林鬱鬱. 有松有竹, 有柿有栵. 椸有絲衣, 閣

有銅盆. 牛寢其牢, 雞棲于架. 有辮有力, 有美須髮.

평민들은 보리죽도 먹기 어려운 흉년의 세태를 읊은 시이다. 다산이 마을 사람들이 먹는 보리죽을 얻어먹어 보니 겨와 모래가 절반이나 되어 먹고 나면 속이 쓰려 견딜 수가 없었다고 하니 그 비참함을 알 만하다.

하늘 끝에 홀로 앉아

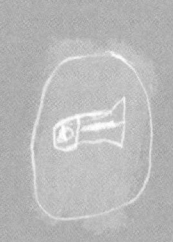

사평의 이별

동쪽 하늘에 샛별이 뜨고
하인들은 서로 외쳐 부르네.
산바람이 가랑비를 몰아와
머뭇머뭇거리지만
머뭇거린들 무슨 소용 있나
끝내 피할 수 없는 이별인걸.
옷깃을 떨치고 길을 나서
아득히 물 넘고 들을 건너네.
표정은 밝고 씩씩해도
마음은 다르지 않아
고개 들어 날아가는 새들을 보니
오르락내리락 어울려 나네.
어미소는 송아지를 보며 음매 울고
닭은 병아리를 구구구 부르는구나.

明星出東方, 僕夫喧相呼. 山風吹小雨, 似欲相踟躕. 踟躕復何益, 此別終難無.
拂衣前就道, 杳杳川原踰. 顏色雖壯厲, 中心寧獨殊. 仰天視征鳥, 頡頏飛與俱.
牛鳴顧其犢, 雞响呼其雛.

다산은 1801년 신유박해(辛酉迫害)에 연루되어 장기로 귀양을 떠나게 되었다. 사평(沙坪)은 한강 남쪽의 마을인데, 이 시는 사평에서 아내와 아이들과 이별한 광경을 서술한 것이다. 다산은 어미소와 송아지, 닭과 병아리에 눈길을 주는 것으로 슬픔의 말을 대신하고 있다.

하담의 이별

아버님 아시는지요
어머님 아시는지요?
집안이 갑자기 쓰러져
지금 죽느냐 사느냐 하는 지경입니다.
남은 목숨 비록 부지한다 해도
몸은 슬프게도 이미 망가졌습니다.
부모님 날 낳아 기뻐하시고
수고로이 안아 기르셨지요.
하늘 같은 은혜 꼭 갚으렸더니
뜻밖에 모든 것을 잃었습니다.
세상 사람들에게 바라노니
자식 태어났다고 기뻐들 마오.

父兮知不知, 母兮知不知. 家門欻傾覆, 死生今如斯. 殘喘雖得保, 大質嗟已虧.
兒生父母悅, 育鞠勤携持. 謂當報天顯, 豈意招芟夷. 幾令世間人, 不復賀生兒.

하담(荷潭)은 다산의 부모 묘가 있는 곳으로, 충주(忠州)의 서쪽이다. 다산은 귀양길에
부모님의 묘소에 들러 하직 인사를 했다.

홀로 앉아

1

쓸쓸한 여관에 홀로 앉으니
대 그림자 고요하고 해는 길어라.
일어나는 향수(鄕愁)를 가만 삭이며
시구(詩句)를 매끄럽게 다듬어 보네.
왔다갔다 하는 꾀꼬리는 신의가 있건만
지저귀다 입 다무는 제비는 뭘 그리워하는지.
몹시 후회되는 것 하나는
소동파 읽느라 바둑을 못 배운 것.

―

旅館蕭寥獨坐時, 竹陰不動日遲遲. 鄕愁欲起須仍壓, 詩句將圓可遂推. 乍去
復來鶯有信, 方言忽噤鷰何思. 只饒一事堪追悔, 枉學東坡不學棋.

2

간들간들 버들가지 적막한데
봄잠 깨어 바라보니 들판이 어둑하네.
산 구름 걷히니 달이 뜬 양 환하고
바람 없어도 나뭇잎은 절로 흔들리네.
눈길은 푸른 숲 예쁜 풀꽃에 두어도
마음은 마른 나무나 식은 재 같아라.
혹시 집으로 돌려보내 준다 해도
난 고작 이런 늙은이일 뿐인걸.

—

裊娜煙絲寂歷中, 春眠起後野濛濛. 山雲遠出强如月, 林葉自搖非有風. 眼向綠陰芳草注, 心將槁木死灰同. 縱然放我還家去, 只作如斯一老翁.

———

외롭고 무료한 유배지에서의 어느 날을 노래했다. 집에 가고 싶다 말하지 않고 집에 가 본들 나는 보잘것없는 사람이라고 말하는 데서 슬픈 채념이 보인다. 1801년 3월 장기에 있을 때 지은 시이다.

담배

육우(陸羽)의 『다경』(茶經)도 좋고
유령(劉伶)의 「주덕송」(酒德頌)도 대단하지만
지금 새 담배가 나와
귀양 온 객(客)과 제일 친하다네.
살짝 빨아들이면 매캐한 향이 나고
조금 내뱉으면 간들간들 실과 같네.
객지의 잠자리는 늘 편치 않고
봄날은 또 지루하기만 해라.

―

陸羽茶經好, 劉伶酒頌奇. 淡婆今始出, 遷客最相知. 細吸涵芳烈, 微噴看裊絲. 旅眠常不穩, 春日更遲遲.

『다경』은 차에 대한 책이고, 「주덕송」은 술을 예찬한 글이다. 당시 다산은 귀양살이의 벗으로 차나 술보다 담배가 더욱 좋았던가 보다.

장맛비

장맛비 하염없이 내려
해도 뜨지 않고 구름도 걷히질 않네.
보리는 싹이 트고 밀은 쓰러지는데
돌배와 산앵두는 살이 오르네.
시골 아이들 따 먹으면 뼛속까지 시큼한데
쓰러져 누운 보리는 누가 알아주나.

—

苦雨苦雨雨故來、白日不出雲不開. 大麥生芽小麥臥、只肥鼠梨與雀梅. 村童食之酸泌骨, 麥臥不起誰知哉.

장마에 곡식이 쓰러지는 모습을 읊은 시다.

마음

산에는 칡덩굴 푸르고 대추나무엔 잎이 돋고
장기성(長鬐城) 밖에는 작은 바다가 보이네.
시름은 돌로 눌러둬도 다시 생겨나고
꿈은 희미한 연기처럼 언제나 흐릿.
때 놓친 밥을 억지로 더 먹는 건 맛나서가 아니요
봄옷이 도착할 때쯤 몸이 축나 있을까 해서지.
아무리 생각해 봤자 도무지 하릴없어라
이리 괴롭게 하늘은 칠정(七情)을 왜 주신 건지.

—

山葛靑靑棗葉生, 長鬐城外卽神瀛. 愁將石壓猶還起, 夢似煙迷每不明. 晩食强加非口悅, 春衣若到可身輕. 極知想念都無賴, 良苦皇天賦七情.

—

유배지에서의 하릴없는 나날에, 교차하는 여러 가지 감정으로 인해 괴로운 마음을 담은 시이다. '칠정'은 기쁨, 노여움, 슬픔, 두려움, 사랑, 미움, 욕심 등 사람의 일곱 가지 감정을 가리킨다.

유배지의 여덟 취미

바람에 읊조리기

서풍은 집을 지나오고
동풍은 나를 지나가네.
불어오는 소리만 들릴 뿐
바람 이는 곳은 보이지 않네.

―

西風過家來, 東風過我去. 只聞風來聲, 不見風起處.

달구경

밝은 달이 동쪽 바다에 뜨면
금물결이 만리(萬里)에 일렁이는데
어찌해 강 위의 달은
쓸쓸히 강물만 비추는 걸까.

明月出東溟, 金波盪萬里. 何如江上月, 寂寞照江水.

구름 보기

뜻 있어 구름을 보는 것도 아니고
뜻 없이 구름을 보는 것도 아니네.
뜻이 있건 뜻이 없건
해 질 무렵까지 눈길이 머무네.

有意不看雲, 無意不看雲. 聊將有無意, 留眼到斜曛.

비 바라기

고향집은 여기서 8백 리
맑거나 비 오거나 같은 거린데
맑은 날은 가까운 것만 같고

비 오는 날은 멀게만 느껴지네.

―

家鄕八百里, 晴雨無增損. 晴日思如近, 雨日思如遠.

산에 오르기

북극이 땅 위에 위치한 것이
천 리마다 4도가 어긋난다지만
높은 곳에 올라 고향을 바라보며
해 지도록 서글프게 서 있네.

―

北極之出地, 千里差四度. 獨登望鄕臺, 怊悵至日暮.

물가에 가기

물은 절로 흐르며

콸콸 막힘이 없네.
아마도 천지가 생겨날 때에
산이 무너져 그리 됐겠지.[1]

—

流水自然去, 活活無阻礙. 憶得鴻荒初, 丘陵有崩汰.

꽃구경

백 가지 꽃 꺾어서 봐도
우리 집 꽃만 못하네.
꽃이 달라서가 아니라
그냥 우리 집 꽃이어서지.

—

折取百花看, 不如吾家花. 也非花品別, 秖是在吾家.

---

[1] 산이 무너져 그리 됐겠지: 산이 무너져 물이 흐르는 계곡이 됐을 거라는 말.

버드나무 완상하기

천 가지 만 가지 버드나무는
가지가지 푸른 봄을 만났네.
가지가지 봄비에 젖으면
가지가지 사람의 맘을 졸이네.

―

楊柳千萬絲, 絲絲得靑春. 絲絲霑好雨, 絲絲惱殺人.

유배지에서도 다산은 작은 즐거움을 여덟 가지나 찾아내었다. 그러나 그 아름다움을 즐기다가도 문득문득 고향 생각이 나는 건 어쩔 수 없다. 고향집이 맑은 날은 가까운 것 같고, 흐린 날은 먼 것 같다는 시구에서 고향을 그리는 다산의 절실한 마음이 느껴진다.

그리운 고향집

소동파는 남해에 귀양 가서
아미산(峨嵋山)의 그림으로 시름 달랬지.
내 지금 소내 그림 보고 싶은데
여기 화공(畫工) 없으니 누가 그릴까.
엷은 먹을 찍어 밑그림 그려 보니
먹 자국 어지러워 분탕질이 되었네.
거듭 그려 보니 솜씨가 나아져
산세(山勢)와 물빛은 아직 또렷치 않지만
대담하게 비단에 옮겨 그려
사랑방 서북쪽 모퉁이에 걸었네.
푸른 산기슭 돌아가는 곳엔 철마(鐵馬)[1]가 서 있고
우뚝 솟은 기이한 바위에선 금빛 오리[2]가 날고
남자주(藍子洲) 주변에는 향기로운 풀이 푸르고
석호정(石湖亭) 북쪽에는 맑은 모래가 펼쳐지고
멀리 돛단배는 필탄(筆灘)을 지나고
나룻배는 귀음(龜陰) 간다 외치고 있는 듯.
검산(黔山)은 절반이 구름 속에 아득히 잠겼고

---

[1] 철마(鐵馬): 다산의 고향 산 위에 철마(鐵馬)가 있었고 그로 인해 그 지역을 마현(馬峴)이라고 불렀다 한다.
[2] 금빛 오리: 바위가 두 마리 오리의 형상을 닮아 쌍부암(雙鳧巖)이라고 불렀다 한다.
[3] 백병봉(白屛峰): 봉우리가 십여 리나 연이어 있어 병풍을 펼친 듯하다 하여 백병봉이라는 이름이 붙었다 한다.
[4] 두 물이 모이는: 다산의 고향 소내는 양수리(우리말로 두물) 근처로 북한강과 남한강이 합류(合流)하는 곳이다.

백병봉(白屛峰)은 멀리 석양 속에 외로이 섰고
하늘가 높은 데 보이는 수종사(水鍾寺)와
두 물이 모이는 지세(地勢)가 잘도 들어맞네.
우리 집 정자로 통하는 문은 소나무 그늘이 덮었고
우리 집 뜰에는 배꽃이 가득 피었네.
우리 집이 저기 있어도 갈 수가 없어
공연히 그림 보며 서성이게 되네.

―

子瞻謫南海, 愈疾峨嵋圖, 我今欲畵苕溪看, 世無畵工將誰摸, 試點水墨作粉本, 墨痕狼藉如鴉塗, 粉本屢更手漸熟, 山形水色猶模糊, 唐突移描上絹面, 掛之客堂西北隅, 翠麓縈廻立鐵馬, 奇岩矗削飛金鳧, 藍子洲邊芳草綠, 石湖亭北明沙鋪, 風帆遙識筆灘過, 津艓似趁龜陰呼, 黔山牛入碧雲杳, 白屛逈立斜陽孤, 天畔岌嶢見僧院, 水鍾地勢尤相符, 松檜蔭門吾亭也, 梨花滿庭吾廬乎, 吾廬在彼不得往, 使我對此空踟躕.

소동파가 귀양살이하면서 고향의 아미산을 그린 것처럼, 다산도 그리운 마음을 담아 고향 소내를 그렸다. 원경(遠景)에서 시작하여 근경(近景)으로 접어들다 자기 집 정자로 초점이 모이는 그림을 다산은 마음으로 몇 번이나 그렸을 것인가.

단옷날에 슬퍼서

1

접때 단옷날엔
선방(扇房)1-에서 은혜로이 부채를 내리셨지.
내궁(內宮)2-에서 새로 만들어
덕분에 긴 여름 시원했지.
옻칠이 만질수록 윤이 나고
붉은 인주 첩자(帖子)3- 이름표가 향기롭더니
지금은 덥고 습한 남쪽에 있어
모기가 괴로이 침상에 나네.

―

舊日端陽日, 恩頒自扇房. 內家新制作, 長夏故淸涼. 漆澤摩來潤, 紅泥帖子香.
如今瘴厲地, 蚊蚋苦侵床.

1_ 선방(扇房): 부채를 만드는 공방(工房).
2_ 내궁(內宮): 왕비와 후궁들이 거처하는 궁궐.
3_ 첩자(帖子): 글귀를 써넣은 종이나 나무조각.

2

접때 단옷날엔
부르심 받고 홍문관(弘文館)에 갔지.
시 짓게 해 잘된 건 꼭 뽑으시고
옛일 말하게 해 상서로운 걸 추려 내시곤
바른말 하라고 붓 내리시고
총애하사 붉은 부적 주셨네.
궁궐 기둥에다 이름자 써 두고
오랫동안 임금님 모셨다네.

―

舊日端陽日, 承牌赴玉堂. 徵詩必妙選, 陳古略禎祥. 彩筆容規諫, 朱符帶寵光.
姓名題殿柱, 長得侍君王.

―

귀양지에서 단옷날을 맞아, 돌아가신 정조 임금에게서 부채와 붓, 부적을 하사받던 일을 회상하고 있다. 정조는 이 시를 쓰기 1년 전인 1800년에 세상을 떠났다. 귀양살이의 고달픔과 임금에 대한 그리움과 회한이 쓸쓸하게 느껴지는 시이다.

살짝 취하여

살짝 취해 무더운 기운은 못 느껴도
바람 시원한 물가 정자가 그립네.
호탕한 성품이라 독수리에 마음이 가고
묶인 몸이라 부평초(浮萍草)가 부럽네.
병이 들어 장기(張機)의 의술을 공부하고
배가 고파 육우의 『다경』은 버렸네.
고향 생각 나라 걱정에
아침 저녁 바다만 바라본다네.

—

薄醉排炎瘴, 長風憶水亭. 性豪憐摯鳥, 身繫羨浮萍. 病習張機論, 飢抛陸羽經. 鄕愁與國計, 朝暮視滄溟.

근심은 많지만 어쩔 도리 없이 유배지에 묶여 있는 안타까운 마음이 느껴진다. '장기'는 의서를 저술한 인물이다. "육우의 『다경』은 버렸네"라는 구절은 차 마실 생각은 않는다는 뜻이다. 배고플 때 차를 마시면 배고픔이 더 심해지기 때문이다.

칡을 캐다

1

내 칡을 캐노라
저 산기슭에서.
무성한 잎을 보며
숙부님을 그리워하노라.
칡을 캐는 것이 아니라
숙부님을 그리워하는 거지.

―

我采葛兮, 于山之麓. 其葉沃兮, 瞻望叔兮. 匪采葛也, 瞻望叔兮.

2

내 칡을 캐노라
저 산등성이에서.

큼직한 칡 마디를 보며
형님을 그리워하노라.
칡을 캐는 것이 아니라
형님을 그리워하는 거지.

───

我采葛兮, 于山之岡. 其節荒兮, 瞻望兄兮. 匪采葛也, 瞻望兄兮.

3

내 칡을 캐노라
저 시냇가에서.
무성한 덩굴을 보며
자식을 그리워하노라.
칡을 캐는 것이 아니라
자식을 그리워하는 거지.

───

我采葛兮, 于澗之涘. 有蕃其蔓, 瞻望子兮. 匪采葛也, 瞻望子兮.

4

애끓는 이 마음
사그라들지 않네.
바라보아도 보이질 않아
우두커니 서 있을 수도 없네.
아무리 맛난 술 있어도
도무지 마실 수가 없네.

―

心之癙矣, 不可紓兮. 瞻望不見, 不可佇兮. 雖有旨酒, 不可醑兮.

숙부, 형, 아이들을 그리는 마음을 칡을 캐는 데 비유했다. 여기서 칡을 캐는 행위는 곧 그리움을 캐는 행위이다.

백발

백발이 초저녁 별 돋듯
처음엔 하나만 반짝이다가
금세 별 둘 별 셋이 되고
별 셋 뒤엔 뭇별이 다퉈 나와서
깜빡깜빡 반짝반짝 어지럽게 빛나
헤아릴 틈도 없이 바둑판의 바둑알처럼 그득해지네.
작년에 턱 밑의 수염 하나가 새었더니
남쪽으로 와선 어느새 둘이 더 자랐네.
이제 어쩔 수 없다는 걸 알겠으니
뽑지 말고 자라게 놔두어야지.
가늘고 촘촘하기론 생선 가시보다 더하고
무성하기로는 얽힌 파뿌리 같네.
족집게 대령할 여종도 없는데
불로장생약 가져다줄 신선인들 있겠나.
백발을 다시 검게 만들 수 있다 해도
메마른 이 마음 다시 꽃피우긴 어려우리.

一

白髮勢如昏星生, 初來只見一星呈. 須臾二星三星出, 三星出後衆星爭. 的的歷歷紛錯亂, 應接不暇棋滿枰. 去年頷下一毛變, 南來焂忽添二莖. 自知此事禁不得, 且休鋤拔安其萌. 細瑣何論魚鯁刺, 茂密將見蔥鬚縈. 旣無婢妾供鐵鑷, 詎有仙客遺黃精. 白髮可使有還黑, 此心已枯難再榮.

전반부에서는 흰머리가 늘어 가는 모습을 해학적으로 묘사하다가 후반부에서는 의지할 사람 없이 늙어 가는 자신을 돌아보고 있다. 몸보다는 마음이 늙어 가는 것이 더욱 마음 아픈 일이다.

율정의 이별

객점(客店)의 새벽 등불 파리하게 꺼질 듯
일어나 샛별 보니 이젠 슬픈 이별이어라.
말없이 서로 가만히 바라보며
애써 목소리 가다듬다 흐느껴 울고 마네.
머나먼 흑산도엔 바다와 하늘뿐인데
형님이 어찌 거기로 가신단 말인가.
고래는 이빨이 산처럼 커서
배를 삼켰다 뿜어냈다 하고
지네는 크기가 쥐엄나무만 하며
독사는 등나무 덩굴처럼 얽혀 있다지.
내가 장기(長鬐)에 있을 때
낮이나 밤이나 강진(康津)을 바라보며
날개를 활짝 펴고 푸른 바다 건너
바다 가운데서 형님을 만나고 싶었건만
지금 나는 강진으로 옮겨 가나니
구슬 없는 빈 상자만 산 것 같아라.
마치 어리석은 아이가

헛되이 무지개를 잡으려 한 것 같네.
서쪽 언덕 금방 닿을 듯한 곳에
선명하게 보이는 아침 무지개.
아이가 쫓아가면 무지개는 더욱 멀어져
가도 가도 자꾸만 서쪽 언덕에 있어라.

—

茅店曉燈青欲滅, 起視明星慘將別, 脈脈嘿嘿兩無言, 強欲轉喉成嗚咽. 黑山超超海連空, 君胡爲乎入此中. 鯨鯢齒如山, 吞舟還復噀. 蝮蚖之大如皁莢, 蝮蛇之斜如藤蔓. 憶我在鬐邑, 日夜望康津. 思張六翮截青海, 于水中央見伊人. 今我高遷就喬木, 如脫明珠買空櫝. 又如癡獃兒, 妄欲捉虹蜺. 西陂一弓地, 分明見朝隮. 兒來逐虹虹益遠, 又在西陂西復西.

1801년 황사영백서(黃嗣永帛書) 사건으로 정약전·정약용 형제는 유배 중에 서울로 송환되었다가 형 정약전은 신지도(薪智島)에서 흑산도로, 정약용은 장기에서 강진으로 유배지를 옮기게 된다. 이 시는 각자의 유배지로 떠나던 형제가 전라도 나주 인근의 율정(栗亭: 우리말 이름은 밤남정)에서 이별할 때 쓴 시이다. 형제는 이후로 다시는 만나지 못하였다.

탐진 나그네

긴 세월 탐진(耽津) 나그네 되어
또다시 금곡(金谷)에 놀러 가네.
문을 나서니 눈물이 휘감겨
지팡이 끌며 홀로 고개 숙이네.
멀리 서울을 그리며
가파른 시내 언덕 지나
나무꾼 다니는 길 조금씩 따라가니
그윽한 석문(石門)이 좋으네.
푸른 절벽은 구름 머금어 아득하고
붉은 샘물은 햇빛 받으며 흐르네.
탑이 있어 절이 오랜 줄 알겠고
층계가 높아 누각이 더 높아 뵈네.
어린 새 지저귀는 소리 부드럽고
벼랑 끝 소나무는 구불구불하여라.
두건 벗고 누워 편히 쉬면서
술잔 들어 근심걱정 흘려 버렸네.
한가로움 기꺼이 즐기나니

화려한 모임은 오히려 내키잖네.
냇가에 부는 바람 석양을 재촉하매
서글퍼 나지막히 시 읊조리네.

―

久作耽津客, 重成金谷遊. 出門翻有淚, 曳杖獨低頭. 迢遞懷京邑, 崎嶇歷澗丘.
漸因樵徑入, 始喜石門幽. 翠壁含雲迥, 紅泉帶日流. 塔存知古寺, 階峻想危樓.
乳鳥嗾曨滑, 縣松體勢繆. 脫巾便偃息, 洗酌散煩憂. 幸就西山宴, 寧辭北海留.
溪風催夕景, 怊悵起微謳.

'탐진'은 해남 강진(康津)의 옛 이름이다. 다산 자신이 붙인 주석에 의하면 '금곡'은 탐진에서 동쪽으로 5리 거리에 있었다고 한다. 귀양살이의 서글픔을 금곡 나들이로 조금이나마 털어 버린 이날은 1804년 4월 26일이다.

모기

사나운 호랑이가 울 밑에서 으르렁대도
나는 드르렁 코골며 잘 수 있고
긴 뱀이 처마 끝에 매달려 있어도
누워서 꿈틀대는 것 볼 수 있지만
모기 한 마리 앵앵거리는 소리 귓가에 들리면
기겁하여 간담이 서늘하고 애가 탄다네.
뾰족한 입을 박고 피를 빨면 그만이지
뼛속까지 독한 기운 넣는 건 어째서인가.
면 이불 꽁꽁 덮고 이마만 내놓으면
금세 올록볼록 혹이 돋아 부처님 머리가 되고
내 뺨을 내가 쳐 봐도 헛손질이요
허벅지를 재빨리 때려도 이미 늦었네.
열심히 싸워 봐야 소용없고 잠만 설치니
기나긴 여름밤이 일 년과 같구나.
너는 안 보일 만치 작고 하잘것없으면서
왜 사람만 보면 그렇게 달려드는 거니?
밤에 다니는 건 도둑한테 배운 거고

피를 먹는 건 옛날의 제사를 따르는 건지.
그 옛날 규장각의 교서(校書)로 있을 때엔
그 앞에 청송(靑松)과 백학(白鶴)이 벌여 있었고
6월까지 파리도 날리지 않아
푸른 대자리에서 편히 쉬며 쓰르라미 소리 들었는데
지금은 흙바닥에 볏짚 자리
내가 너를 부른 거지 네게 무슨 잘못이 있겠니.

猛虎咆籬根, 我能駒駒眠. 脩蛇掛屋角, 且臥看蜿蜒. 一蚊譻然聲到耳, 氣怯膽落腸內煎. 揷觜血斯足矣, 吹毒次骨又胡然. 布衾密包但露頂, 須臾癰癗萬顆如佛巓. 頰雖自批亦虛發, 髀將急捫先已遷. 力戰無功不成寐, 漫漫夏夜長如年. 汝質至眇族至賤, 何爲逢人輒流涎. 夜行眞學盜, 血食豈由賢. 憶曾校書大酉舍, 蒼松白鶴羅堂前. 六月飛蠅凍不起, 偃息綠簟聞寒蟬. 如今土床薦藁鞿, 蚊由我召非汝愆.

강진에서 유배 생활을 하던 중에 쓴 시이다. 요즘 사람들도 여름밤이면 모기 때문에 애를 먹곤 하니 유배지인 강진에서 다산이 겪은 고통은 이루 말하기 어려울 것이다. 모기와의 대치를 사실적이면서도 해학적으로 서술하였다. 마지막 부분에서는 서울에서의 삶과 유배지의 삶을 교차해 서술하며 서글픈 감정을 드러내고 있다. '옛날의 제사'란 옛날 제사에서 동물의 피를 바쳤기에 한 말이다.

궁궐을 그리며

1

문밖엔 버들가지 노오랗건만
봄이 오긴 한 건지 잘 모를레라.
못물은 푸르고 제비는 바삐 날아
임금 모신 궁궐 연회 곰곰이 생각하니
그만 마음이 서글퍼지네.

―

門外柳枝黃, 春意難詳. 芳池綠漲燕飛忙, 細憶玉樓陪宴. 日一驀心傷.

2

거친 남쪽으로 쫓겨오니
임금님 꿈속에서 뵈올 뿐이네.
봄바람 불어 복사꽃 향기 터뜨리니

노랫소리 피리 소리 어디서 요란한가.
슬픈 애간장만 끓일 뿐이네.

―

流落在南荒, 夢裏君王. 東風吹綻小桃香, 歌管嘲轟何處, 也剪斷愁腸.

그 옛날 궁궐에서 임금을 모셨던 시절을 생각하며 서글퍼한 시이다.

대를 심다

제법 흡족한 새 보금자리
풀과 나무 향기롭게 둘렀는데
아쉽게도 담장 안에
한 그루 대나무가 없네.
채소밭을 몇 길 떼어 내도
아까워할 겨를이 없고
손수 물 주고 북돋우고 열심인 건
멀리 떠나와 어린 하인도 없어서지.
쓸쓸히 서너 그루지만
족히 눈과 마음 맑아지네.
이렇게 몇 해 흐르고 나면
두 눈에 대나무 가득하겠지.
밤새 보슬보슬 내린 비에
죽순 대여섯이 새로 돋았네.
정말이지 진득이 기다리려 했는데
빗물 마신 효험이 이리도 빠르네.
아끼고 가꾸어 울타리가 되도록

사슴 키우듯 키워야겠네.
이웃은 나의 어리석음 비웃네
산골짝 가득 왕대를 심었다 해서.

―

新居頗愜意, 草樹繞芳綠. 所嗟堵牆內, 仍少一枝竹. 蔬圃割數丈, 未暇憂地蹙.
澆壅手自劬, 旅瑣無僮僕. 蕭蕭三四枝, 已足淸心目. 庶幾年歲久, 滿眼見寒玉.
霏霏一夜雨, 新筍擢五六. 本意持遠圖, 食效乃爾速. 愛護作藩蔽, 情如養麛鹿.
鄰人笑余愚, 篔簹滿山谷.

귀양살이의 고달픔을 잠시 잊고 대를 심어 기르는 데 마음을 쏟은 다산의 모습을 볼 수 있는 시이다. 슬프거나 절망할 때나 막막한 심정이 될 때, 비록 의미 없는 일이라 할지라도 무엇엔가 마음을 쏟는 것이 도움이 된다. 아마 다산도 그랬으리라.

다산의 여덟 풍경

담장을 스치는 복사나무

산허리 따라 나지막이 세운 담장
붓으로 그려논 듯 봄빛은 여전하네.
너무나 좋아라 한줄기 비 내린 후
복사나무 붉은 꽃가지 예쁘게 나온 것이.

―

響墻疏豁界山腰, 春色依然畫筆描. 愛殺一溪新雨後, 小桃紅出數枝嬌.

발(簾)을 두드리는 버들개지

산속의 집 발(簾)에 어리는 잔물결은
누각에 드리운 버드나무 가지 그림자라네.
산골짝에 눈이 내리는 게 아니라
봄바람이 솜털 날려 맑은 못을 놀리는 거라네.

一

山家簾子水紋漪, 照見樓頭楊柳枝. 不是巖阿有飛雪, 春風吹絮弄淸池.

봄날의 꿩 우는 소리

산에는 칡덩굴 무성하고 햇살 고운데
화로의 차 달이던 연기도 사라졌어라.
어디선가 깍깍깍 세 마디 꿩 소리가
구름 창 아래 선잠 금세 깨워 버리네.

一

山葛萋萋日色姸, 小爐纔斷煮茶煙. 何來角角三聲雉, 徑破雲牕數刻眠.

가랑비 내리는 날 물고기 밥 주기

초여름 가랑비가 가지 끝에 달리면
수면(水面)에는 천 개의 동그란 파문.
늦은 저녁밥 몇 술 일부러 남겨서

난간 곁에 어린 고기 밥을 준다네.

―

黃梅微雨著林梢, 千點回紋水面交. 晚食故餘三兩塊, 自憑藤檻飯魚苗.

아름다운 바위를 덮은 단풍나무

구름을 살짝 두른 올망졸망 작은 바위
가을 지나 이끼가 동그랗게 자라고
연지색 붉은 잎이 가득 더해지면
청록색 분홍색 분간이 안 되네.

―

巖苗參差帶薄雲, 經秋石髮長圓紋. 仍添颯杳臙脂葉, 濃翠輕紅不細分.

연못에 비친 국화

바람 잔잔한 연못은 거울처럼 매끈하고

예쁜 꽃 기이한 돌 물에 많아라.
바위틈의 국화꽃 맘껏 보고픈데
물고기 튀어 물결 일까 저어되누나.

風靜芳池鏡樣磨, 名花奇石水中多. 貪看石罅杆頭菊, 剛怕魚跳作小波.

언덕의 푸른 대나무

얕게 쌓인 눈 그늘진 언덕에 바위 기운 맑고
높은 가지에서 잎 지는 소리 새롭군그래.
언덕에 남은 푸르고 어린 대나무
공부방 세밑 풍경 지켜 주누나.

淺雪陰岡石氣淸, 穹柯墜葉有新聲. 猶殘一塢蒼筤竹, 留作書樓歲暮情.

일만 골짜기의 소나무 물결

작은 시내는 굽이돌아 비 갠 산등성이 보듬고
푸른 갈기 붉은 비늘의 일만 그루 소나무.
피리 소리 거문고 소리 들려오는데
하늘에서 바람 불어 온 집이 춥네.

―

小溪廻合抱晴巒, 翠鬣紅鱗矗萬竿. 正到絲簧聲沸處, 天風吹作滿堂寒.

다산은 귀양지의 여덟 취미를 노래한 데 이어 다시 다산의 여덟 경치를 노래하였다. 풍경에 마음을 붙여 슬프고 막막한 심정을 잊기 위해서였을 것이다.

어버이 무덤가에서

나는 어버이 기(氣)를 늦게 받고 태어나
아버지께선 '우리 막내'라 하셨지.
어느새 30년이 지났건만
한 번도 기쁘게 해 드리지 못했네.
무덤 속 비록 어둡고 고요하지만
옛사람은 여막(廬幕) 짓고 3년을 섬겼네.
돌이켜 생각하니 신유년(辛酉年) 봄에
통곡하며 묘소를 하직하고
말 먹일 겨를도 없이 황급히 떠나며
의금부(義禁府) 관리에게 핍박을 당했네.
변방을 떠돌면서
9년 동안 겨우 두 번을 찾았거늘
무덤 앞의 두 그루 나무는
가지와 잎이 변함없이 푸르네.
인간의 삶 너만도 못해라
돌아보지 아니함 이리 쉬우니.

一

我生受氣晩, 父曰嗟余季. 忽忽三十年, 未或愉其志. 窀穸雖冥漠, 昔人猶廬侍.
尙憶辛酉春, 痛哭辭靈隧. 未暇秣馬行, 逼迫禁府吏. 漂流嶺海外, 九載於焉二.
墳前一雙樹, 柯葉依然翠. 人生不如汝, 棄捐何容易.

신유년(辛酉年)은 신유박해가 있던 1801년을 가리킨다. 이 시는 18년이 흐른 1819년에 다시 부모의 묘를 찾은 감회를 쓴 것이다. 말로 다하기 어려운 짙은 회한이 배어 있는 시이다.

달빛이 내 마음을 비추네

가을밤

마음은 산수를 사랑하건만
내 집은 거마(車馬) 다니는 도회에 있어라.
대 난간을 부지런히 엮어 주어도
꽃나무는 자꾸 시들기만 해.
찬 이슬은 가지마다 영롱하고
가을벌레는 제각기 울고 있네.
혼자 걷다 돌아와 혼자 앉으니
달빛이 그윽한 마음을 비추네.

―

情結林泉愛, 門臨車馬音. 竹欄勤點綴, 花木强蕭森. 涼露枝枝色, 秋蟲喙喙吟.
獨行還獨坐, 明月照幽襟.

가을밤의 고요하면서도 맑은 풍광을 노래한 시이다.

책을 판 뒤에

아첨(牙籤) 손질하고 뽀얀 먼지 떨어내는데
어린 딸이 쓸쓸히 책상머리에서 보네.
먹고 입는 일이 전부란 걸 차츰 알겠고
문장은 사람에게 이롭잖음을 깊이 깨닫네.
나이 들어 총명 줄어드니 어찌 책을 읽으랴
어리석고 못난 자식 편히 자라게 해야지.
단번에 주어 버리려다 그래도 미련이 남아
보내기 전 만져 보며 또 잠깐 정을 주네.

―

手整牙籤拂素, 蕭條女稚案頭陳. 漸知喫著無餘事, 深悟文章不利人. 老減聰明那對眼, 子生愚魯定安身. 快刀一斷猶牽戀, 臨別摩挲且暫親.

―

이 시를 쓸 당시 다산은 경제적 이유로 책을 팔려고 했던 것 같다. 책의 먼지를 떨어내는 다산의 손길과 책상머리에 앉은 어린 딸의 모습이 눈에 선하다. '아첨'(牙籤)은 상아로 만든 책갈피이다.

시름겨워도

시름겨워도 술은 아니 마시고
마시더라도 시는 아니 짓노라.
남쪽으로 난 고요한 창(窓) 아래
앉아서 보나니 꽃송이 한 가지.

—

愁亦不飮酒, 飮亦不賦詩. 寂莫南牕下, 坐看花一枝.

마음이 울적하면 술 생각이 나고, 술을 마시면 노래하고 싶은 마음이 생기게 마련이지만 오늘 시인은 그보다는 자신의 마음을 조용히 관조하고 싶은 모양이다. 어쩌면 꽃송이 한 가지는 자신의 외화(外化)된 마음일 것이다.

그림에 쓰다

모래톱 길을 청노새가 가고
아이종은 거문고를 안고 따르네.
유난히 속기(俗氣) 없는 나그네 행색
아마도 해금강을 향해 가나 봐.

———

沙上靑驢路, 琴頭皁布囊. 客裝殊洒脫, 疑向海金剛.

깨끗한 그림 한 폭이 눈앞에 펼쳐진다. '청노새'는 암말과 수나귀 사이에서 난 종내기인 노새 가운데 푸른 빛을 띤 것을 말한다.

반딧불이

높고 쓸쓸한 오동나무 너머
나부끼듯 떠도는 반딧불이 몇 점.
커다란 해는 세상을 고루 밝히고
미물은 작은 빛을 발하네.
깜박이며 사람들 놀래키어도
반짝이며 제 모습 숨기지 않네.
모를레라 숲에 사는 선비가
그 불빛에 옛 경전 비춰 볼는지.

—

冷落高梧外, 飄零數點螢. 大明均布施, 微物亦光熒. 的的雖驚衆, 昭昭恥遁形.
不知林下士, 誰復照殘經.

마지막 두 행은 중국의 고대에 반딧불이 불빛으로 공부를 한 사람이 있기에 한 말이다.

어촌 풍경

파사성(婆娑城) 아래는 모두가 어촌
밤새 내린 비로 모래톱엔 물 불은 흔적.
물가의 풀꽃이 너무 좋아서
상앗대 하나로 아침저녁 봄물을 건너네.

―

婆娑城下盡漁村, 夜雨沙磯見漲痕. 渚草汀花無限好, 一篙春水度朝昏.

―

'파사성'은 경기도 여주(驪州)에 있는 성이다.

밤에 부용당에 앉아서

못가의 나무 푸르고 바다에 뜬 달은 환한데
고운 노래도 끝이 나고 사방은 맑디맑네.
마름잎 연잎 덮인 깊고 깊은 물속에선
물고기 뻐끔대는 소리만 이따금 들리네.

―

池樹蒼涼海月明, 纖歌初闋四筵淸. 菱錢荷蓋深深處, 時聽潛魚呷水聲.

'물고기 뻐끔대는 소리'라는 표현이 아주 좋다. 적막감을 더욱 깊게 만드니까.

산속 깊은 집

깊은 산에 객이 있거늘
가는 봄에 시가 없어 쓰겠나.
새로 심은 버들이 문을 가리고
동산이 비옥해 해바라기 정원에 가득하네.
벼슬 그만두니 마음은 더 멀어지고
농사짓는 이치는 배우면 되는 걸.
기나긴 해 참으로 좋아서
돌아가는 배 일부러 더디 가게 하네.

—

山深猶有客, 春盡可無詩. 門翳新扦柳, 園肥早壅葵. 宦情休更薄, 農理學能知. 永日眞堪愛, 歸帆故故遲.

'산속 깊은 집'은 다산의 작은아버지 정재진(丁載進, 1740~1812)의 집이다.

흰 구름처럼

흰 구름에 가을바람이 불어
푸른 하늘엔 그늘 하나 없네.
문득 이 몸도 가벼워져서
표연히 이 세상 떠나고 싶어.

秋風吹白雲, 碧落無纖翳. 忽念此身輕, 飄然思出世.

지상에 매인 사람의 몸은 늘 하늘과 바람, 구름, 별을 동경하게 된다. '표연히'란 바람에 날리듯 훌쩍 가는 모습을 말한다.

거문고

소나무 아래 하얀 돌 평상은
내가 거문고 타던 곳이지.
거문고 걸어 둔 객은 갔어도
바람 불면 줄이 절로 울리네.

―

松壇白石牀, 是我彈琴處. 山客挂琴歸, 風來弦自語.

―

거문고 소리가 들려오는 듯하다. 다산은 거문고도 탈 줄 알았다.

벗을 그리며

1

아침에도 주렴 걷고
저녁에도 주렴을 걷네.
부드러운 봄구름이 초록 처마 가리고
뜰의 풀은 햇볕 받고 자라나네.

―

朝褰簾暮褰簾, 冉冉春雲礙綠欄, 日令庭草添.

2

복사꽃 봉오리 부풀고
살구꽃도 봉오리가 부푸네.
가녀린 새벽비에 꽃망울이 터졌으니
아이가 가서 만지지 못하게 해야지.

―

桃花尖, 杏花尖. 舀破芳心曉雨纖, 不敎兒去拈.

'벗을 그리며'라는 부제가 붙어 있다. 그립다는 말은 없지만 눈길에 닿는 모든 것이 벗을 떠오르게 했던가 보다.

못가에서

따사론 바람에 머리 날리며 연못을 지나다
지팡이 들고 느긋이 홀로 앉았더니
새소리는 또르르 구르는 옥 소리 같고
노오란 단풍잎은 꽃보다 예뻐라.

煖風吹髮度芳池, 池上橫筇獨坐遲, 老滑禽簧無澁處, 嫩黃楓葉勝紅時.

가을 정경을 읊었다. 시인의 보드라운 마음을 느낄 수 있다.

작은 배를 타고

오래전의 맑은 강 빛이
해마다 사람을 그립게 하누나.
모래밭은 물이 넘쳐 변했고
고기잡이 길은 물가에 새로 났네.
돌아보니 옛 흔적이 쓸쓸하고
노쇠한 이 몸이 슬프구나.
홀로 우뚝 선 물가의 돌아
늘그막에 서로 친하게 지내자꾸나.

宿昔淸江色, 頻年思殺人. 沙碕隨漲變, 漁路傍厓新. 顧眄悲陳跡, 銷沈惜此身. 巋然潭上石, 投老汝相親.

사돈 윤서유(尹書有, 1764~1820)와 함께 뱃놀이할 때의 감회를 노래한 시이다. 시인은 달라진 강가의 풍경과 늙은 자신의 모습에서 애잔한 감상을 느끼지만, 물가에 변함없이 우뚝 선 돌에서 위로를 느끼고 있다.

연꽃

진흙 속에서 나온 연꽃 잎이
동그란 주먹처럼 파랗게 떠 있네.
다른 꽃들 다투어 핀 뒤에야
나를 보고 방긋 웃어 주겠지.

荷葉泥中出, 浮青曲似拳. 待他花競綻, 相對笑嫣然.

연꽃을 노래한 시이다. 연꽃은 다른 꽃에 비해 개화 시기가 늦어 7~8월에야 꽃이 핀다.

산문을 나서며

절을 내려올 적마다 쓸쓸한 마음
언제나 다시 올지 알 수 없구나.
콸콸 흐르는 이 계곡 물 사랑스럽네
십 리를 따라오다 들판으로 흘러가네.

―

每下山樓意悄然, 不知重到定何年. 愛玆瀧瀧雲溪水, 十里相隨到野田.

사물을 대하는 시인의 서정이 잘 느껴진다.

아내와 아이들을 그리며

마마

작은아이 말 배워도 그대 기뻐하지 않았고
큰아이 글 익혀도 그대 마음 놓지 않았지.
마마를 이기고 나니 골격이 변하여
오늘에야 의젓한 두 아들이 되었구나.
두 아들에게 큰 덕을 밝히게 하여
임금을 받들고 따르게 하고 싶네.

—

小兒學語君莫喜, 大兒學字君莫恃. 豌豆瘡成骨格變, 今日居然有二子. 吾令二子昭大德, 擎天捧日隨所使.

정학연(丁學淵, 1783~1859), 정학유(丁學遊, 1786~1855) 두 아들이 마마에서 회복한 후 쓴 시이다. 다산은 마마 자국이 오른쪽 눈썹 위에 남아 어릴 적에 스스로를 삼미자(三眉子)라고 부르기도 했던바, 두 아들이 마마를 무사히 넘긴 것에 대한 느낌이 각별했을 것이다. 시 가운데 '그대'는 다산의 아내를 가리키는 것으로 보인다.

어린 아들

얼굴이 예쁜 어린 내 아들
날이 흐려도 날이 맑아도 걱정이 없네.
따스한 풀밭을 달리는 송아지처럼
과일 익을 무렵 나무에 매달린 원숭이처럼.
언덕 위의 집에서 쑥대 활 쏘고
냇가 웅덩이에 풀잎 배 띄운다네.
세상의 어지러운 사람들은
너와 함께 뛰놀 수 없으리.

穉子美顔色, 陰晴了不憂. 草暄奔似犢, 果熟挂如猴. 岸屋流蓬矢, 溪坳汎芥舟.
紛紛維世者, 堪與爾同游.

다산은 가족에 대한 사랑이 각별했다. 풀밭의 송아지와 나무의 원숭이에 비긴, 유순하면서도 귀여운 아이의 모습이 눈에 선하다.

집에서 온 편지

편지가 왔을 땐 담소하는 듯했는데
하인이 돌아가니 다시금 쓸쓸해지네.
하늘은 적막하게 펼쳐져 있고
길은 변함없이 아득하구나.
문경새재 산은 천 굽이요
탄금대(彈琴臺) 물은 두 줄기라네.
제비 두 마리만 남아
온종일 지지배배 얘길 하네.
집에서 온 편지가 좋을 줄만 알았더니
새로운 근심이 끝없이 생기네.
아내는 날마다 눈물 바람이라는데
어린 자식은 언제나 보게 되려나.
야박한 풍속은 정말 참기 어려워
떠도는 소문에 아직도 불안해지네.
휴우, 그래도 순순히 받아들여야지
세상 건너기란 본래 어려운 거니까.

一

書到如談笑, 人歸復寂寥. 無聊天漠漠, 依舊路迢迢. 鳥嶺山千曲, 琴臺水二條. 唯留雙燕子, 終日語音嬌. 謂得家書好, 新愁又萬端. 拙妻長日淚, 稚子幾時看. 薄俗眞堪惜, 浮言尙未安. 嗟哉亦順受, 度世本艱難.

다산의 글 가운데 유배지에서의 편지는 방대한 저작 못지않게 중요한 글들이다. 이 시에서는 집에서 온 편지를 받고 기뻤던 만큼 더 허전하고 근심스러워진 마음을 읊었다. 장기 유배 시절의 시이다.

어린 자식이 보낸 밤을 받고서

도연명(陶淵明)의 자식보다 낫구나
아비에게 밤 부친 걸 보니.
자잘한 밤 한 주머니이지만
멀리서 배고픔 달래 주고자
아비를 생각한 마음이 곱고
싸서 보낸 손길이 그립구나.
먹으려니 오히려 마음이 아파
쓸쓸하게 먼 하늘만 보네.

—

頗勝淵明子, 能將栗寄翁. 一囊分瑣細, 千里慰飢窮. 眷係憐心曲, 封緘憶手功. 欲嘗還不樂, 惆悵視長空.

다산이 자신의 아들을 도연명의 아들보다 낫다고 한 것은, 도연명의 시 중에, 아들이 글 공부는 싫어하면서 배와 밤만 찾는다고 한 말이 있기 때문이다. 어린 아들이 고사리손 으로 싸서 보낸 밤을 보는 아버지의 착잡한 심정이 잘 드러난 시이다.

누에 치는 아내

안 하는 일이 없어
올봄에는 누에를 친다고 하네.
뽕 따는 일은 어린 딸 시키고
잠박(蠶薄) 치는 일은 아들에게 맡겼다지.
비법 따라 잠박 놓는 시렁을 더 놓고
쪽물 들여 옛 책을 묶기도 할 테지.
문장 짓는 일 내 어찌 좋아서 하겠나
애오라지 파적거리일 뿐이지.

—

性癖眞無禁, 今春乃養蠶. 采桑調穉女, 鋪薄賦諸男. 按訣新添架, 編書舊染藍.
績文吾豈樂, 聊亦當閑談.

집안을 건사하기 위해 애쓰는 아내에게 미안해하는 마음이 담겨 있는 시이다.

아들에게

서울 소식 올 때마다 마음이 놀란다네
집에서 온 편지 만금(萬金)의 값어치라 뉘 그랬던가.
시름은 바닷가 구름처럼 개었다 다시 일고
비방은 산의 소리처럼 조용하다가 다시 들리네.
세도(世道)가 떨어져 따르는 이 없어도 섭섭치 않고
가문은 쇠했지만 이런 아들이 있어 기쁘구나.
글공부는 편지를 쓸 만치 되었으니
이제 집 주변을 가꾸어 보렴.

京華消息每驚心, 誰道家書抵萬金. 愁似海雲晴復起, 謗如山籟靜還吟. 休嗟
世降無巢谷, 差喜門衰有蔡沈. 文字已堪通簡札, 會敎經濟着園林.

아들에게 격려와 당부를 담아 보내는 편지와 같은 시이다. "집에서 온 편지 만금(萬金)
의 값어치"라고 한 이는 중국의 시인 두보(杜甫)이다.

새해에 집에서 온 편지를 받고

해가 가고 봄이 온 걸 도통 몰랐는데
하루가 다른 새소리 이상하다 싶었지.
비 내리면 고향 생각 덩굴같이 자라나고
겨우내 야윈 몰골은 대나무 같네.
세상 꼴 보기 싫어 방문도 늦게 열고
아무도 안 올 줄 아니 이불도 늦게 개지.
아이들은 무료함을 달래기 위해
의서(醫書) 보고 빚은 술 한 단지 부쳐 왔네.
어린 종이 천 리 길 가져온 편지를 받고
객점(客店) 작은 등잔 아래 홀로 한숨짓네.
어린 아들이 농사를 배운다니 아비도 반성케 되고
병든 아내가 옷 꿰매 보냈으니 남편 사랑 알겠네.
좋아하는 거라고 멀리 찰밥을 싸 보내고
배고플까 봐 이번에 투호(投壺)를 팔았다네.
답장을 쓰려니 달리 할 말이 없어
뽕나무 수백 그루 심으라 당부하였네.

一

歲去春來漫不知, 鳥聲日變此堪疑. 鄉愁値雨如藤蔓, 瘦骨經寒似竹枝. 厭與世看開戶晚, 知無客到捲簾遲. 兒曹也識銷閒法, 鈔取醫書付一鴟. 千里傳書一小奴, 短檠茅店獨長吁. 稚兒學圃能懲父, 病婦縫衣尙愛夫. 憶嗜遠投紅稷飯, 救飢新賣鐵投壺. 施哉答札無他語, 劚種墻桑數百株.

외롭고 처량한 신세이지만 가족의 따뜻한 사랑에 위로받고 있는 다산의 모습을 볼 수 있다. 답장에 왜 쓸 말이 없었겠는가마는 말문이 막혀 뽕나무 심으라는 말로 미래를 기약했을 것이다. 강진 유배 시절의 어느 봄에 쓴 시이다.

사무치는 소리

1

가누기 어려운 마음 언제던가
맑은 밤 다듬이 소리 들릴 때지.
처음엔 조용하게 방망이 하나로 두드리다가
갑자기 뚝딱뚝딱 방망이 두 개가 울어 댄다네.
방망이 하나는 물시계의 남은 물방울이 똑똑 떨어지는 소리
방망이 둘은 연꽃 핀 못에 소나기 천 방울이 떨어지는 소리.
문 열고 하늘을 보면 달님은 옥과 같고
대 그림자 비죽비죽 지붕에는 서리 가득.

―

何處難爲情, 淸夜擣衣聲. 寂寂初聞隻杵動, 跳跳忽作雙杵鳴. 隻杵銀壺殘漏數點滴, 雙杵荷塘急雨千珠傾. 開門看天月如玉, 竹影襜褴霜滿屋.

2

가누기 어려운 마음 언제던가
봄날 낮에 솜 빼는 소리 들릴 때지.
봄바람이 비를 몰아 호수 언덕 지나고
푸른 우물에 물 넘치고 성(城)에 구름 걷힐 때.
급한 방망이 소리는 잦고 느린 방망이 소리는 드문드문
마음속 굽이굽이 정성을 담아
다만 바라는 건 낭군 옷이 눈서리처럼 하얘지는 것
제 손발은 굳은살 박이고 벌겋게 얼어도 좋으니.

―

何處難忘情, 春晝洴澼聲. 春風吹雨過湖岸, 碧甃水溢城雲晴. 急杵聲多緩杵少, 柔腸曲曲懷精誠. 但願郞衣潔白如霜雪, 妾手妾足胼胝凍赤猶可悅.

3

가누기 어려운 마음 언제던가
맑게 갠 아침에 수레 끄는 소리 들릴 때지.

띠 처마 따스한 햇살에 고양이는 등이 따습고
옷감과 솜은 기둥 앞에 쌓여 있네.
앵무새처럼 제비처럼 끝없이 이야기 나누며
온 가족이 함께 행복하게 살고파.
집 동쪽 창으론 아침 해가 똑바로 떠오르고
어린 딸은 손으로 물레 축을 만지겠지.

—

何處難爲情, 晴朝攬車聲. 茅檐日暖猫炙背, 吉貝綿子堆前楹. 鸚言燕語連不絶, 室家安樂謀共生. 吾家東牖正紅旭, 穉女手調螺蹄軸.

―――

이 시는 멀리 있는 가족에 대한 그리움으로 가득하다. 두 번째 시 마지막 행의 화자(話者)는 다산의 아내일 것이다.

아내에게

한 밤 새 지는 꽃은 천 떨기
지붕을 맴도는 건 울어 대는 비둘기와 어미 제비.
외로운 나그네는 돌아가지 못하니
언제쯤 침방(寢房)에서 아름다운 만남 가질까.
그리워 않노라
그리워 않노라 슬픈 꿈속의 그 얼굴.

―

一夜飛花千片, 繞屋鳴鳩乳燕. 孤客未言歸, 幾時翠閨芳宴. 休戀, 休戀惆悵夢中顔面.

―

마지막 구절의 반어법이 아내에 대한 그리움을 더욱 절절하게 한다.

8년 만에 아들을 만나

생김새는 내 자식 같은데
수염이 나서 딴사람 같애.
집에서 보낸 편지를 갖고 오긴 했지만
틀림없는 진짜인진 의심스러워.

眉目如吾子, 鬚鬙似別人. 家書雖帶至, 猶未十分眞.

아들 학유를 햇수로 8년 만에 만나고 쓴 시이다. 다산은 장기로 유배된 1801년에 학유와 이별한 후, 1808년 또 다른 유배지인 강진을 방문한 학유를 8년 만에 다시 만나게 된다. 오랜만에 보니 부쩍 자란 아들에 대한 낯선 느낌을 썼는데, 처음엔 웃게 되지만 이내 슬퍼져 마음이 아파 온다.

결혼 60주년을 기념해

60년 풍상(風霜)의 바퀴 눈 깜짝할 새 굴러 왔지만
복사꽃 화사한 봄빛은 신혼 때와 같네.
생이별과 사별(死別)이 늙음을 재촉하나
잠깐 슬프고 길이 즐거운 건 임금님 은혜겠지.
오늘밤 뜻 맞는 대화가 새삼 즐겁고
옛적 치마에는 먹 흔적이 남아 있네.
나눠졌다 다시 합해진 내 모습 같은
술잔 두 개 남겨 두었다 자손에게 물려주려네.

―

六十風輪轉眼翻, 穠桃春色似新婚. 生離死別催人老, 戚短歡長感主恩. 此夜蘭詞聲更好, 舊時霞帔墨猶痕. 剖而復合眞吾象, 留取雙瓢付子孫.

아내에 대한 따스한 사랑이 묻어나는 노년의 시이다. 시 가운데 '치마'에 먹 흔적이 남아 있다는 말은 유배 생활을 할 때 아내의 헌 비단 치마에 시를 적어 보낸 일을 말한다.

해설

따뜻한 사실주의 — 다산 정약용의 시 세계

1

다산 정약용(茶山 丁若鏞, 1762~1836)은 조정의 요직을 지낸 정치가, 거중기(擧重機)를 만든 과학자, 5백 권에 이르는 방대한 저서를 남긴 저술가이자 학자 등으로 두루 유명한 인물이지만 그 시(詩)만으로도 일가를 이룬 출중한 시인이기도 하다. 다산이 살았던 18세기 중반에서 19세기 초반에 이르는 시기는 변화와 혼란의 시기였다. 정조(正祖, 1752~1800)라는 개혁 군주가 등장하여 정치적 변화를 모색하며 많은 난관에 부딪혔던 시기이기도 하고, 서학(西學), 곧 천주교가 유입되어 조정과 사회에 큰 분란을 일으켰던 시기이기도 하며, 부패한 제도와 관료로 인해 백성들이 큰 고통에 시달렸던 시기이기도 하다. 다산은 이런 변화와 혼란의 한복판에 있었던 지식인이다. 시인은 아파하는 사람이라고 했던가, 다산의 시에서는 시대의 아픔과 그로 인한 개인의 아픔을 고스란히 읽을 수 있다.

2

다산은 1762년 지금의 경기도 남양주시 조안면 능내리에 해당하는 광주군 초부면 마현리에서 태어났다. 아버지는 진주목사를 지낸 정재원(丁載遠, 1730~1792)이며, 어머니는 해남 윤씨(海南尹氏)로 형형한 눈빛의 자화상으로 유명한 공재 윤두서(恭齋尹斗緖, 1668~1715)의 손녀이다. 정약용은 그 자(字)가 귀농(歸農)·미용(美庸)이며, 호(號)로 사암(俟菴)·탁옹(籜翁)·태수(苔叟)·자하도인(紫霞道人)·철마산인(鐵馬山人)·다산(茶山)·여유당(與猶堂) 등을 사용하였다.

다산의 후손이 작성한 연보에 의하면 다산은 7세 때 벌써 "작은 산이 큰 산을 가리는 건, 멀고 가까움이 달라서지"(小山蔽大山, 遠近地不同)라는 시를 썼다고 한다. 다산이 쓴 시는 그 문집이 잘 정리되어 있는 덕분에 창작 연도가 대부분 밝혀져 있어 시기별로 시를 이해하는 데 큰 도움이 된다. 다산이 10대와 20대에 쓴 시들을 보면 학문을 연마하고 인격을 수양하여 세상에 자신의 뜻을 펼치고자 하는 풋풋한 포부가 드러나는 것이 많다.

독서란 본래 즐거운 것
경세(經世)에 어찌 이름을 추구하리.

요임금 순임금 때는 풍속이 질박했고

이윤(伊尹)과 부열(傅說)은 몹시 근면했지.

나도 늦게 태어난 것은 아니니

먼 훗날의 희망을 품어 보노라.

―「봄날에 글 읽다가」 중에

25세 되던 해 과거를 준비하며 쓴 이 시에서 젊은 다산은 시험공부를 하면서도 독서의 목적을 출세 자체에 두지 않고 있다. '경세'(經世)란 백성이 잘살 수 있도록 좋은 정치를 하는 것을 뜻한다. 시의 후반부에서 중국의 성군(聖君)으로 이름난 요임금과 순임금, 또 중국의 명재상으로 이름난 이윤과 부열을 언급한 것은 이런 맥락에서이다. 곧 과거에 급제하여 좋은 정치를 베푸는 것이 다산의 꿈이었던 것이다. 그러나 불행히도 다산은 과거(科擧)에 수차례 불합격하였다. 과거에 낙방한 후 다산은 "과거 시험이 생기고는, 꾸며 댄 글만 날로 어지럽네"(「과거에 낙방하고」)라며 제도에 대한 불만을 토로하기도 하고, 고향으로 돌아가는 배 위에서 "일곱 척 조그만 몸으로, 경세(經世)를 어찌하겠나"(「배 타고 소내로 돌아가며」)라며 실망과 좌절감을 드러내기도 한다.

다산은 15세 되던 1776년에 한 살 연상의 풍산 홍씨(豊山洪

氏)와 혼인했는데, 과거에 급제하여 벼슬살이를 하기 전인 28세 이전까지는 경제적 어려움도 매우 컸던 것으로 보인다. 집에 먹을거리가 떨어지자 여종이 옆집의 호박을 훔쳐 온 일이 있었는데 아내가 종을 크게 꾸짖자 다산이 이를 무마한 일을 쓴 시가 있다.

> 어허, 아이는 죄 없으니 이제 그만 화 풀고
> 이 호박은 내 먹으리니 더 이상 말을 마오.
> 밭 주인한테 솔직히 얘기하는 게 낫지
> 오릉중자(於陵仲子)처럼 결벽한 건 싫다오.
> 나도 언젠간 출세할 날 있겠지만
> 그게 안 되면 가서 금광이나 파야지.
> 책 만 권을 읽는다고 아내가 배부르랴
> 이 경(頃)이면 아이종도 그런 일 안 할 텐데.
>
> ─「호박 훔친 종」 중에

더 이상 잘잘못을 따지지 말자는 다산의 무마에는 집안의 경제를 책임지지 못하는 자신에 대한 자괴감이 보인다. 독서가 아내를 배불리지 못하니 출세길이 막히면 금광이라도 파야겠다는 자조 어린 탄식 속에서 과거에 급제하지 못한 그즈음 다산의 심리가 읽힌다.

　다산은 22세 되던 1783년에 사마시(司馬試)에 합격하여 진사(進士)가 되었으며, 이때 처음으로 정조를 알현하게 된다. 정조는 다산보다 열 살이 많았는데, 다산에 대한 정조의 총애는 이때부터 시작되어 이후 노론(老論)의 정치적 공세에도 불구하고 더욱 깊어졌다. 다산 역시 정조를 알현하고 쓴 「임금을 뵙고서」라는 시에서 "임금님 목소리 가슴에 스몄으니, 목숨 다하도록 충성을 바치리"라는 구절을 통해 평생의 충성을 맹세하기도 한다. 그러나 조선 후기의 개혁적 학자 군주로 일컬어지는 정조와 다양한 분야의 학문에 능통한 실천적 지식인이었던 다산과의 만남은 축복이라면 축복이었으되, 주변의 정세는 그들이 합심하여 새로운 세상을 열어 가는 데 결코 우호적이지 않았다. 다산이 정치적으로 소수파인 남인(南人) 계열에 속해 있었으며, 그의 집안이 가혹한 공격과 비난의 대상이었던 천주교와 깊은 관련을 맺고 있었기 때문이다.

　정조는 다산의 재능을 일찌감치 알아보고 요직을 두루 맡겼는데 다산은 28세 때 문과에 급제하여 희릉 직장(禧陵直長)으로 발령을 받고 규장각(奎章閣)의 초계문신(抄啓文臣)으로 발탁된 것을 시작으로 홍문관 수찬(修撰), 비변사(備邊司) 낭관, 병조참의(兵曹參議), 사간원(司諫院) 사간 등의 벼슬을 역임하였다. 특히 33세 되던 1794년 10월에 정조의 은밀한 명을 받고 경기 지역의 적성·마전·연천·삭녕 등을 돌아보는 암행어사가 되었는데, 이 일을 계기로 다산이 백성들에 대해 가지고 있던 연민과 안타까움은 더욱 구체적이고 절실한 것이 되었다.

    냇가 부서진 집 바리때같이
    북풍이 띠지붕 걷어가 서까래만 앙상.
    오래된 재 위에 눈 쌓인 부뚜막은 썰렁하고
    체 눈처럼 숭숭 뚫린 벽 틈으로 별빛이 비치네.
    집안 살림 초라하기만 해
    팔아도 일곱 푼이 안 되네.
    삽살개 꼬리 같은 조 이삭 셋
    닭 염통 같은 매운 산초 한 꼬챙이.
    항아리 깨져 새는 곳은 베로 막았고
    떨어지려는 시렁은 새끼줄로 묶었네.
    놋숟가락은 접때 이장(里長)이 가져가고
    무쇠솥은 오래잖아 이웃 부자가 앗아 갔지.
    이불이라곤 다 해진 비단 이불 한 채니
    부부유별(夫婦有別)은 말이 안 되지.
    구멍 난 저고리에 어깨 팔꿈치 드러낸 아이들

태어나 바지 버선은 걸쳐 보지도 못했지.
큰애는 다섯 살에 기병(騎兵)으로 등록되고
작은애는 세 살에 군적(軍籍)에 올라
두 아이 세금으로 오백 푼을 바쳤으니
어서 죽었으면 싶은데 옷과 신이 다 뭐람.

―「시골집」중에

　인용한 부분은 적성 지방을 암행하다가 쓴 시의 첫머리로, 백성의 극심한 가난이 상세히 묘사되어 있다. 뼈대만 남은 초가집은 며칠째 밥을 짓지 못해 부뚜막의 재 위에 눈이 쌓여 있고, 벽은 무너져 저녁이면 별이 훤히 보일 지경이다. 계절이 겨울인지라 추위 또한 극심한데 이불은 한 채뿐이고, 아이들은 굶주린 데다 옷 한 벌 얻어 입지 못하고 헐벗었다. 다산은 생존을 위협하는 이 가난의 원인을 관리와 땅을 가진 토호(土豪)들의 착취, 그리고 군정(軍政)의 문란으로 보았다. 관리와 토호는 돈이나 곡식은 물론이고 생존의 기본적인 도구인 솥과 숟가락까지 앗아갈 정도로 가혹한 착취를 일삼았다. 또 관아에서는 세 살배기 다섯 살배기 아이들까지 군인의 명부에 올려 그에 해당하는 세금을 거두어 갔는데, 이것이 소위 군정의 문란이다. 조선 후기 경제의 혼란상을 설명하는 데 흔히 '삼정(三政)의 문란'이라는 말을 쓰는데, 이는 조선 후기 국가 재정의 기본이 되었던 전정(田政)·군정(軍政)·환정(還政)의 세 조세제도가 상식 밖의 가혹한 수탈로 변질되었던 일을 가리킨다. 이러한 참상을 목도한 다산은 암행어사의 소임을 다해 탐관오리들을 징치(懲治)하는 한편 백성들의 삶에 더욱 밀착하여 그들의 아픔을 이해하고 걱정하기를 게을리 하지 않았다. 이듬해에 쓴 시에서는 가난과 그로 인한 백성들의 비참한 모습을 다음과 같이 더욱 생생히 묘사하고 있다.

고을 원님이 어진 정치를 하고
사재(私財)로 백성 구휼한다기에
관아 문으로 줄지어 가
끓인 죽 우러르며 앞으로 나서네.
개돼지도 버리고 돌아보지 않을 것을
사람이 엿처럼 달게 먹는구나.

―「굶주리는 백성」 중에

고을 원은 백성을 구휼한답시고 죽을 끓여 내놓지만 실상 그 죽은 개나 돼지도 외면할 정도의 것이다. 그러나 이러한 고을 원의 위선보다 더 끔찍한 것은 그것조차 마다하지 못하고 먹는 백성들의 극심한 굶주림이다. 백성들은 말 그대로 인간 이하의 삶을 살아가고 있었던바 그것은 먹고 사는 문제에 있어서만 그랬던 것이 아니라 인간으로서의 양심과 품성에 있어서도 그러하였다.「굶주리는 백성」의 다른 구절에서 다산은 사람다운 마음을 잃은 백성들의 모습을 "굶주림에 착한 마음을 잃어 약하고 병든 이를 보며 웃고 떠드네"라고 쓰며 하릴없이 안타까운 마음을 표현하고 있다.

　　백성들에 대한 연민과 사랑은 다산이 오랜 유배 생활을 하는 동안에도 지속된다. 오랜 유배 생활은 중앙 정치 무대에서의 패배를 의미하는 것이었고 육체적으로도 매우 고달픈 것이었지만, 이 시기 동안 역설적으로 다산의 위대한 저작들이 많이 탄생한 것과 마찬가지로 백성들에 대한 다산의 관심과 이해도 그들 가까이에서 생활한 이 시기 동안 더욱 심화될 수 있었다. 유배지에서 쓴 시 가운데는 백성의 삶에 보다 밀착하여 그들의 애환을 그려 낸 시들이 많다. 장장 18년의 유배 생활 동안 다산은 경상도 장기와 전라도 강진 백성들의 모습과 그들의 풍습을 시에 담게 된다. 너무나 잘 알려진 「스스로 거세한 사내를 슬퍼함」이라는 시에서는 군정(軍政)의 가혹함을 견디지 못하고 자해한 백성을 안타까워하는 마음을 읊었다. 또 「단비」,「모」 등의 작품에서는 극심한 가뭄으로 고통을 겪는 백성의 절망을 노래하고 있다. 그러나 다산은 백성의 무기력한 고통뿐만이 아니라 그들의 건강한 생명력에도 관심을 기울였다.

> 으랏차 소리치며 나란히 발을 드니
> 순식간에 보리 이삭 여기저기 그득하네.
> 매기고 받는 잡가(雜歌) 갈수록 높아지고
> 보이는 거라곤 처마까지 날리는 보리뿐.
> 표정들을 보니 못내 즐거워
> 먹고사는 데 급급한 마음 아니네.
> 낙원은 멀리 있는 게 아닌데
> 뭐 하러 힘들게 가 벼슬살이하겠나.
>
> ―「보리타작」 중에

이 시는 "으랏차" 하는 소리와 "잡가" 소리가 유발하는 청각적 심상, 발을 드는 동작과 처마까지 날리는 보리에서 비롯하는 시각적 심상이 교차하며 매우 역동적인 느낌을 독자에게 선사한다. 추수 때야말로 농민들이 가장 풍족하고 유쾌한 시기일 것이다. 먹고살기 위해서가 아니라 노동 자체의 기쁨을 만끽하는 백성들의 모습에서 다산은 이상적인 삶의 모습을 발견한다. "낙원은 멀리 있는 게" 아니라는 말이 그런 뜻이다.

다산 시의 성격 내지 다산의 시에 대한 입장을 설명해 주는 말로 '조선시'(朝鮮詩)라는 것이 있다. 이 용어는 다산의 시 「노인의 한 즐거움」(老人一快事)에 나오는 "나는 조선 사람, 조선시 짓길 좋아하노라"(我是朝鮮人, 甘作朝鮮詩)라는 시구에서 유래한 것이다. 실제로 다산의 시는 한문으로 되어 있긴 하지만 '높새바람'이라는 순 우리말에 해당하는 '高鳥風'(고조풍), '보릿고개'에 해당하는 '麥嶺'(맥령) 등의 우리말을 살린 어휘를 사용한다거나, 『고려사』(高麗史)·『삼국사기』(三國史記) 소재의 우리나라 고사를 풍부하게 사용하고 있기도 하다. 뿐만 아니라 조선 인민의 삶과 풍속 자체에 관심을 두고 이를 시로 형상화했다는 점에서도 다산의 시는 단연 조선시라 할 것이다. 이런 이유에서 다산이 벽지에서 오랜 기간 귀양살이를 한 것은 적어도 '우리'를 위해서는 다행한 일일지 모른다.

다산의 호 가운데 가장 널리 알려진 것은 여유당(與猶堂)과 다산(茶山)이다. 다산이 초기에 사용한 호는 사암(俟菴)이다. 사암의 '사'(俟)는 기다린다는 뜻이다. 젊은 시절의 다산은 앞서 소개한 「봄날에 글 읽다가」에 드러난 것처럼 세상에 대한 큰 포부와 희망을 가지고 있었다. 다산이 기다린 것은 그 포부와 희망에 부합하는 미래였을 것이다. 그러던 다산은 정조가 승하한 해이자 39세 되던 해인 1800년에 고향의 집에 여유당(與猶堂)이라는 당호(堂號)를 새로 붙인다. 1800년은 조선의 정세와 다산의 인생에 있어 중요한 기점이 된다. 정조의 갑작스런 승하로 정치적으로는 조정이 외척 중심으로 재편되어 갔으며 정조가 계획하고 실행해 왔던 개혁들은 좌초될 위기에 놓이게 되었다. 다산의 입장에서 본다면 정조의 죽음은 다산 및 다산과 정치적 뜻을 같이 하는 남인 계열이 정치적 위기에 놓이게 됨을 의미했다. 이 위기는 한 해 전인 1799년 채제공(蔡濟恭, 1720~1799)의 죽음에서부터 이미 시작된 것이었던바 다산은 1800년에 서울을 피해 낙향하여 여유당에서 경전 공부에 침잠하였다.

'여유'는 『노자』(老子)에서 따온 말로 "與兮若冬涉川"(여혜약동섭천)에서 '여'(與)를, "猶兮若畏四隣"(유혜약외사린)에서 '유'(猶)를 각각 취한 말이다. 앞의 두 구절을 우리말로 옮기면 '머뭇거리기를 겨울에 내를 건너듯', '두리번거리기를 네 주변을 두려워하듯'이다. 그렇다면 '여유'는 '머뭇거리고 두리번거린다' 라는 뜻이 된다. 겨울에 살얼음이 낀 내를 건너기란 얼마나 위험한 일이며, 또 주위의 시선에 노출되어 있을 때의 처신이란 얼마나 조심스러운 일인가. 이는 갖은 모함과 질시에 시달리던 다산이 세상살이를 더욱 신중히 하며 자신을 검속하고자 하는 뜻에서 붙인 이름이라고 할 수 있다.

그러나 이런 조심스러움도 소용없이 다산은 이듬해인 1801년에 강경한 노론들의 공격을 받아 천주교도라는 죄목으로 수감

되었다가 첫 유배지인 장기(長鬐)로 귀양을 가게 된다. 다산은 당색과 관련된 조정의 정세와 당대의 뜨거운 감자라고 할 수 있었던 서학(西學), 즉 천주교 문제와 관련되어 부침을 거듭했던 바, 정조가 승하하자 천주교 문제가 빌미가 되어 유배를 가게 된 것이다. 다산은 40세 되던 이 해에 장기에서 다시 전라도 해남의 강진(康津)으로 유배되었다. 그후 47세 되던 해에 다산(茶山)이라는 곳으로 거처를 옮겨 유배 생활을 하다가 57세 되던 1818년에야 기나긴 유배 생활에서 풀려나게 된다. 1801년 처음 장기로 떠날 때 이별의 광경은 다음과 같다.

> 동쪽 하늘에 샛별이 뜨고
> 하인들은 서로 외처 부르네.
> 산 바람은 가랑비를 몰아와
> 머뭇머뭇거리지만
> 머뭇거린들 무슨 소용 있나
> 끝내 피할 수 없는 이별인걸.
> 옷깃을 떨치고 길을 나서
> 아득히 물 건너고 들을 건너네.
> 표정은 밝고 씩씩해도
> 마음은 다르지 않아

고개 들어 날아가는 새들을 보니
오르락내리락 어울려 나네.
어미소는 송아지를 보며 음매 울고
닭은 병아리를 구구구 부르는구나.

―「사평의 이별」

이른바 신유박해(辛酉迫害) 또는 신유사옥(辛酉邪獄)으로 알려져 있는 천주교도들에 대한 탄압으로 다산은 기약 없이 멀고 오랜 귀양길에 오르게 된다. 샛별이 뜨고, 하인들이 소리치고, 가랑비가 내려, 떠나는 사람의 마음을 요동치게 할 법도 하건만 떠나는 이는 체념한 듯 담담한 모습이다. 하지만 어미와 새끼가 어울려 다정한 짐승들은 보고는 아내와 자식에 대한 애틋한 마음을 가눌 수가 없다. 그 가눌 수 없는 마음이 드러나지 않고 면면히 전편에 흘러 더욱 깊은 슬픔을 느끼게 한다.

그러나 같은 해 황사영 백서(黃嗣永帛書) 사건으로 인해 유배지를 강진으로 옮기면서 형 정약전(丁若銓, 1758~1816)과 전라도 율정에서 이별할 때 다산은 비통한 심회를 감추지 못한다.

객점(客店)의 새벽 등불 파리하게 꺼질 듯
일어나 샛별 보니 이젠 슬픈 이별이어라.

말없이 서로 가만히 바라보며
애써 목소리 가다듬다 흐느껴 울고 마네.
머나먼 흑산도엔 바다와 하늘뿐인데
형님이 어찌 거기로 가신단 말인가.

—「율정의 이별」 중에

　황사영 백서 사건이란 다산의 조카사위이자 천주교 신자인 황사영(黃嗣永, 1775~1801)이 중국 북경의 주교에게 신유박해의 전말과 대책을 기록한 글을 보내려다가 발각된 사건을 말한다. 이 사건을 계기로 다시 투옥된 정약용과 정약전 형제는 각각 강진과 흑산도로 다시 유배를 떠나게 된다. 유배 길의 객지에서 이별한 형제는 기구한 운명에 눈물을 흘린다. 이 만남은 두 형제의 마지막 만남이 되었는데 형 정약전이 유배에서 풀려나지 못한 채 1816년 흑산도에서 생을 마감했기 때문이다.

　다산은 강진에서 다산으로 거처를 옮긴 후 본격적인 저술 활동을 개시하는 한편 다산에서의 삶에 나름대로 정을 붙여 가기 시작한다. 지금도 사람들의 발길이 끊이지 않는 다산이라는 곳은 정약용이 유배 생활을 했던 해남 강진의 집 뒤편에 있던 언덕의 이름이다. 이때부터 정약용은 새로운 호 다산을 사용하였다. 다산은 그곳에 다산초당이라 불리는 집을 지은 후 대를 쌓고, 연못을 만들고 꽃을 심었다. 다산은 그곳에서 유배 생활의 대부분을 보냈는데 이때 쓴 시에는 유배 생활의 애환과 고향에 대한 그리움, 다산과 인근 마을의 풍속과 경치 등이 담겨 있다.「유배지의 여덟 취미」,「다산의 풍경」등의 연작시에서는 다산 주변의 풍광과 그 안에서 소일하는 다산의 모습을 친근하게 접할 수 있다.

백 가지 꽃 꺾어서 봐도
우리 집 꽃만 못하네.
꽃이 달라서가 아니라
그냥 우리 집 꽃이어서지.

―「유배지의 여덟 취미」 중에

소박하고 쉬운 말로 씌어진 이 시는 다산 주변의 풍광을 읊으면서 고향 집에 대한 그리움을 드러내고 있다. 다산이 유배지에서 쓴 많은 시는 고향과 가족에 대한 그리움을 담고 있다. 유배 시절 다산에게 고향 집과 가족의 모습은 언제나 가슴에 넣어 두고 몇 번이나 꺼내어 보는 그림이었다.「그리운 고향 집」이라는 시에서는 갈 수 없는 고향을 직접 그림으로 그려 걸어 두는 다산의 모습을 볼 수 있다. 18년간의 유배 생활 동안 아들들은 아버지인 다산을 가끔 방문하여 『주역』(周易)과 『예기』(禮記) 등

경서를 배우기도 하고 함께 시를 짓고 대화를 나누기도 하였다. 그러나 아내는 유배지까지 찾아올 수 없었기에 다산은 「아내에게」라는 시에서 "그리워 않노라, 그리워 않노라 슬픈 꿈속의 그 얼굴"이라 노래하며 절절한 그리움을 반어적으로 털어놓기도 하였다. 떨어져 있던 18년의 시간이 부부의 사랑을 더 깊게 했던 것일까. 다산의 아내 사랑은 생의 마지막 날까지도 계속되었다. 이 선집에 실린 마지막 시의 원제는 「회근시」(回졸詩)인데 '회근'이란 회혼(回婚)의 다른 말로 결혼 60주년을 의미한다. 실로 숱한 고난 속에서도 변함없었던 두 사람의 사랑과 믿음이 "60년 풍상(風霜)의 바퀴 눈 깜짝할 새 굴러 왔지만, 복사꽃 화사한 봄빛은 신혼 때와 같네"라는 구절 속에 잘 녹아 있거니와 다산은 공교롭게도 이 회혼일을 맞아 친지와 제자가 모두 모인 가운데 고단하고 위대했던 생을 평화롭게 마쳤다.

3

이제 이 책의 구성과 더 읽을거리를 소개하는 것으로 글을 마무리하고자 한다. 다산의 저술이 다양한 분야를 깊이 있게 아우르고 있다는 사실은 잘 알려져 있다. 그런데 이런 사정은 다산의 시에 있어서도 다르지 않다. 다산의 다채로운 시 세계는 사실적인 사회시는 물론 서정시, 우화시 등에서 각기 개성와 정채를 발한다. 본 선집에서는 이러한 사정을 감안하여 다산의 시를 크게 여섯 개의 주제로 나누어 보았다. 제1장 '세상을 향한 뜻'에서는 세상에 대한 다산의 포부와 열정, 때로는 좌절과 실망이 드러난 시들을 가려 뽑았다. 제2장 '오징어와 해오라비'에서는 이른바 다산의 우언시(寓言詩)들을 뽑아 실었다. 여기에 실린 시들은 우회적인 어법으로 세태를 풍자하거나 삶의 근본적인 원리들을 비유적으로 노래하고 있다. 제3장 '백성이 아프니 나도 아프네'에서는 다산의 시 세계 가운데 기존에 가장 잘 알려진 애민시 혹은 사회시 계열의 작품을 가려 뽑았다. 수탈당하는 백성들의 참상을 섬세하고 절절한 시어로 묘파해 낸 명편들에 해당한다. 제4장 '하늘 끝에 홀로 앉아'는 유배지의 풍광과 풍속, 일상을 읊은 시들이다. 제5장 '달빛이 내 마음을 비추네'에서는 보다 감성적이고 함축적인 짧은 시편들을 모아 보았는데 이 시들을 통해 이른바 서정 시인으로서의 다산의 면모를 새롭게 발견할 수 있을 것이다. 제6장 '아내와 아이들을 그리며'에서는 아내와 아이들에 대한 각별한 사랑과 그리움이 드러난 시들을 가려 뽑았다. 각 장에서의 작품 배열은 창작 연도에 따랐다.

    기존에 출판된 다산의 시 선집 가운데 비교적 이른 시기의 것이자 주목을 요하는 선집으로는 송재소 교수의 『다산시선』(茶山詩選, 창작과비평사, 1981)이 있다. 송재소 교수는 다산의 시에 정통한 연구자인바, 다산 시를 보다 깊이 있게 이해하고자 하는 독자에게는 『다산시선』과 함께 연구서인 『다산시 연구』(창작과비평사, 1986)가 훌륭한 길잡이가 되어 줄 것이다. 『여유당전서』(與猶堂全書)에 실린 다산 시 전체를 번역한 책으로는 민족문화추진회에서 간행한 『국역 다산시문집』 10권이 있으며, 이 가운데 1~3권이 시에 해당하므로 선집에 실린 작품 이외의 시들에 관심이 있는 독자는 이 책을 참조하기 바란다. 『국역 다산시문집』의 다소 많은 분량과 상세한 주석에 부담을 느끼는 독자라면 다산 시의 주요 작품들을 두 권에 걸쳐 번역·수록한 『다산시정선』(茶山詩精選)(박석무·정해렴 편역, 현대실학사, 2001)을 통해 보다 용이하게 다산의 시편들을 접할 수 있을 것이다. 그밖에 다산의 생애 전반에 대해 알고 싶은 독자는 다양한 사회 활동을 수행하면서 동시에 오랜 시간 다산 연구에 정진한 박석무 씨의 다양한 저서들을 참조할 수 있다. 『다산 정약용 유배지에서 만나다』(한길사, 2003), 『풀어쓰는 다산 이야기』 1·2(문학수첩, 2005~2006) 등이 그것이다. 이 책의 번역과 해설 역시 위에서 언급한 책들에 두루 힘입었다.

    흔히 다산 시의 명편으로 꼽히는 시들은 조선의 현실에 밀착한 사실적인 경향의 작품들이다. 그러나 사실적인 묘사와 시적으로 치밀하게 구성된 서사(敍事)의 이면에 깃들어 있는 것은 조선의 각박한 현실과 고단한 백성의 삶에 대한 안타까움과 연민이다. 그런 점에서 다산의 사실주의는 냉정하기보다는 다정하게 느껴지고, 차갑기보다는 따뜻하게 느껴진다. 역자는 다산 시의 이런 면모를 '따뜻한 사실주의'라 이름하고 싶다.

정약용 연보

작품 원세

찾아보기

정약용 연보

1762년(영조 38), 1세	— 6월, 경기도 광주군(廣州郡) 초부면(草阜面) 마현(馬峴: 우리 말로는 마재), 곧 현재 경기도 남양주시 조안면 능내리에서 아버지 정재원(丁載遠)과 어머니 해남 윤씨(海南尹氏) 사이에서 태어나다.
1768년(영조 44), 7세	— 오언시(五言詩)를 짓기 시작하다. 10세 이전에 쓴 시를 모아 엮은 『삼미자집』(三眉子集)이 있었다고 하나 지금은 전하지 않는다.
1770년(영조 46), 9세	— 어머니 해남 윤씨가 세상을 떠나다.
1774년(영조 50), 13세	— 두보(杜甫)를 본떠 지은 시로 아버지의 벗들에게 칭찬을 받다.
1776년(영조 52), 15세	— 2월, 풍산(豊山) 홍씨 홍화보(洪和輔)의 딸과 혼인하다.
1778년(정조 2), 17세	— 아버지의 임소(任所)인 전라도 화순에 머물며 인근 동림사(東林寺)에서 독서하다. 「동림사에서」, 「무등산에 올라」를 짓다.
1783년(정조 7), 22세	— 2월, 세자 책봉을 축하하는 증광감시(增廣監試)의 경의(經義) 초시(初試)에 합격하다. 4월, 사마시(司馬試)에 합격하여 정조를 알현하다. 9월, 장남 학연(學淵)이 태어나다.
1784년(정조 8), 23세	— 여름, 율곡 이이(栗谷 李珥)의 설(說)을 원용한 『중용강의』(中庸講義)를 정조에게 바쳐 큰 칭찬을 받다. 배를 타고 두미협(斗尾峽: 지금의 하남시 검단산과 남양주시 예봉산 줄기가 이루었던 한강의 협곡)을 내려오면서 맏형 정약현(丁若鉉)의 처남인 이벽(李檗)에게서 서학(西學)에 대해 처음 전해 듣다. 「호박 훔친 종」을 짓다.
1786년(정조 10), 25세	— 7월, 차남 학유(學遊)가 태어나다. 「과거에 낙방하고」를 짓다.
1789년(정조 13), 28세	— 3월, 대과(大科)에 급제하여 희릉(禧陵: 중종의 계비繼妃 장경왕후章敬王后의 능) 직장(直長)에 임명되다. 초계문신(抄啓文臣: 정조가 선발하여 일정기간 학문을 연마하도록 격려하고 뒷받침했던 젊고 유능한 문신)이 되어 『대학』(大學)을 강의하다. 겨울, 한강에 놓을 배다리(舟橋)를 설계하다. 「승정원에서」를 짓다.

1792(정조 16), 31세	4월, 진주목사(晋州牧使)로 있던 아버지가 임지에서 별세하다. 겨울, 수원 화성(華城)을 설계하고 거중기(擧重機: 도르래 원리를 이용하여 무거운 물건을 들도록 만든 기구)와 녹로(轆轤: 물레라고도 불리는 회전반)를 고안하여 수원성 축조에 이용하다.
1794(정조 18), 33세	경기도 적성(積城), 마진(麻田), 연천(漣川), 삭녕(朔寧) 지방의 암행어사로 임명되어 민정을 살피다. 「성호 선생을 기리며」, 「시골집」, 「책을 판 뒤에」를 짓다.
1795(정조 19), 34세	1월, 사간원(司諫院) 사간(司諫)에 임명되다. 7월, 중국인 신부 주문모(周文謨)의 밀입국 사건에 연루되어 충청도 금정찰방(金井察訪)으로 좌천되다. 성호 이익(星湖 李瀷)의 유고를 교정하다. 직접 배운 적은 없으나 성호를 사숙(私淑)하여 평생의 스승으로 모시고 그의 학문을 규준(規準)으로 삼다. 「나의 운명」, 「굶주리는 백성」, 「어린 아들」을 짓다.
1796(정조 20), 35세	『사기영선』(史記英選)과 『규운옥편』(奎韻玉篇)의 편찬에 참여하다. 「아름다운 난초」, 「어촌 풍경」을 짓다.
1797(정조 21), 36세	겨울, 홍역 치료법을 기술한 『마과회통』(麻科會通)을 저술하다. 「천리마」를 짓다.
1800(정조 24), 39세	정조가 승하하자 고향으로 돌아가 강학할 집을 새로 짓고 여유(與猶)라는 당호(堂號)를 붙이다.
1801년(순조 1), 40세	2월, 이른바 '책롱(冊籠) 사건'이 발단이 되어 경상도 포항의 장기(長鬐)로 유배되다. 자형 이승훈(李承薰)과 셋째형 정약종은 참수되고 둘째형 정약전은 전라도 신지도(薪智島)로 유배되다. 10월, 조카사위 황사영(黃嗣永)이 신유박해(辛酉迫害)의 전말과 대책을 중국에 알리기 위해 쓴 글이 발각된 '황사영 백서 사건'으로 다시 투옥되었다가 다산은 강진(康津)으로 정약전은 흑산도(黑山島)로 유배되다. 「오징어와 해오라비」, 「사평의 이별」, 「집에서 온 편지」를 짓다.
1805년(순조 5), 44세	강진으로 큰아들 학연이 찾아와 『주역』(周易)과 『예기』(禮記)를 가르치다. 「병든 쇠북」, 「단비」를 짓다.

1808년(순조 8), 47세	― 봄, 강진 읍내를 떠나 귤동(橘洞)의 다산(茶山)으로 거처를 옮기다. 대(臺)를 쌓고, 연못을 만들고, 꽃을 심고, 암자를 지어 주변을 꾸미고 독서와 저술에 힘쓰다. 「소나무 없애는 승려」, 「다산의 여덟 풍경」을 짓다.
1811년(순조 11), 50세	― 봄, 역대의 우리 영토와 지리를 고증한 『아방강역고』(我邦疆域考)를 완성하다.
1813년(순조 13), 52세	― 겨울, 한국·중국·일본 고금의 학자들의 『논어』 해석을 총괄하고 재해석한 『논어고금주』(論語古今注)를 완성하다.
1814년(순조 14), 53세	― 『맹자요의』(孟子要義), 『대학공의』(大學公議), 『중용자잠』(中庸自箴)을 완성하다.
1817년(순조 17), 56세	― 훗날 『경세유표』(經世遺表)가 된 『방례초본』(邦禮草本)의 집필을 시작하였으나 완성하지 못하다. 국가 통치 질서의 근본을 새롭게 정립하는 데 목적을 둔 책이다.
1818년(순조 18), 57세	― 봄, 지방관의 역할을 밝혀 씀으로써 조선 사회의 개혁을 역설한 『목민심서』(牧民心書)를 짓다. 8월, 유배에서 풀려나 마현의 집으로 돌아오다.
1819년(순조 19), 58세	― 여름, 형벌 집행의 엄중한 원리를 서술한 『흠흠신서』(欽欽新書)를 완성하다. 겨울, 우리말의 어원과 용법을 밝힌 『아언각비』(雅言覺非)를 완성하다. 「어버이 무덤가에서」를 짓다.
1822년(순조 22), 61세	― 회갑을 맞아 자신의 생애와 학문 세계를 총괄하여 서술한 방대한 분량의 「자찬묘지명」(自撰墓誌銘)을 짓다.
1836년(헌종 2), 75세	― 2월 22일 회혼일(回婚日)을 맞아 친지와 제자가 모두 모인 가운데 세상을 떠나다. 유언에 따라 여유당 뒤편의 언덕에 장사지내다. 회혼일 사흘 전에 「결혼 60주년을 기념해」를 짓다.
1910년(순종 4)	― 정헌대부(正憲大夫) 규장각 제학(提學)으로 추증되고 문도공(文度公)이라는 시호를 받다.
1921년	― 현손 정규영(丁圭英)이 『사암선생연보』(俟菴先生年譜: '사암'은 다산의 호 가운데 하나)를 작성하다.
1936년	― 위당 정인보(爲堂 鄭寅普), 민세 안재홍(民世 安在鴻) 등이 다산 서거 100주년을 기념하여 『여유당전서』(與猶堂全書)

76책을 교열, 신조선사(新朝鮮社)에서 간행하다.

작품 원제

세상을 향한 뜻

- 금강산 —— 회동악(懷東嶽) 019p
- 입춘 단상 —— 입춘일제용동옥벽(立春日題龍衕屋壁) 020p
- 무등산에 올라 —— 등서석산(登瑞石山) 021p
- 동림사에서 —— 독서동림사(讀書東林寺) 023p
- 내 마음을 읊노라 —— 술지이수(述志二首) 025p
- 서울을 떠나고 싶네 —— 고의(古意) 028p
- 손자병법을 읽고 —— 독손무자(讀孫武子) 030p
- 봄날에 글 읽다가 —— 춘일담재독서(春日澹齋讀書) 033p
- 과거에 낙방하고 —— 감흥이수(感興二首) 034p
- 배 타고 소내로 돌아가며 —— 춘일주환소천(春日舟還苕川) 036p
- 임금을 뵙고서 —— 삼월삼일희정당상알 퇴이유작(三月三日熙政堂上謁 退而有作) 037p
- 승정원에서 —— 원중대우(院中對雨) 038p
- 숙직하는 날 —— 한림소시피선 취원중야직(翰林召試被選 就院中夜直) 039p
- 과거보는 선비들에게 —— 시원봉시심안이장(試院, 奉示沈安二丈) 040p
- 파직되어 —— 파관(罷官) 042p
- 성호 선생을 기리며 —— 박학(博學) 043p
- 퇴계 선생의 글을 읽고 —— 독퇴도유서(讀退陶遺書) 044p
- 나의 운명 —— 의고이수(擬古二首) 045p
- 근심에 잠 못 들고 —— 우래십이장(憂來十二章) 048p
- 노래로 근심을 푸노라 —— 견우십이장(遣憂十二章) 055p

오징어와 해오라비

- 둥근 도낏자루는 모난 구멍에 끼울 수 없네 —— 예착행(枘鑿行) 065p
- 아름다운 난초 —— 의란 미우인야(猗蘭 美友人也) 067p
- 천리마 —— 적기행 시최생(赤驥行 示崔生) 069p
- 범고래 —— 해랑행(海狼行) 071p
- 오징어와 해오라비 —— 오즉어행(烏鰂魚行) 073p

수선화 ── 수선화가 부차소운(水仙花歌, 復次蘇韻)
송충이 ── 충식송(蟲食松)
병든 쇠북 ── 병종(病鐘)
당귀를 캐다 ── 채근 구도야 구도자불가사난언(采蘄, 求道也. 求道者不可辭難焉)
고양이 ── 이노행(貍奴行)
승냥이와 이리 ── 시랑 애민산야 남유이촌 왈룡왈봉 용유모갑 봉유모을 우희상구 을자병폐 이촌지민 외어관검 영갑자재 갑흔연자사 이안촌리 기수월리지지 성죄이촌 징전지삼만 촌포립속 미유자 기독급어흉년 이귀지일 이촌즉류 유일부소우현령 영왈 이출이색지(豺狼, 哀民散也. 南有二村, 曰龍曰鳳, 龍有某甲, 鳳有某乙, 偶戲相敺, 乙者病斃. 二村之民, 畏於官檢, 合甲自裁, 甲欣然自死, 以安村里. 旣數月吏知之, 聲罪二村, 徵錢至三萬, 寸布粒粟, 靡有遺者, 其毒急於凶年. 吏歸之日, 二村則流, 有一婦訴于縣令, 令曰爾出而索之)

백성이 아프니 나도 아프네

저물녘 광양에서 ── 모차광양(暮次光陽)
사공의 탄식 ── 고공탄(篙工歎)
호박 훔친 종 ── 남과탄(南瓜歎)
시골집 ── 봉지염찰도적성촌사작(奉旨廉察到積城村舍作)
장인과 기녀 ── 단인행봉시도감제공(鍛人行奉示都監諸公)
굶주리는 백성 ── 기민시(飢民詩)
해녀 ── 아가사(兒哥詞)
보리타작 ── 타맥행(打麥行)
스스로 거세한 사내를 슬퍼함 ── 애절양(哀絶陽)
단비 ── 체사유월삼일치우(滯寺六月三日値雨)
소나무 없애는 승려 ── 승발송행(僧拔松行)
쑥 ── 채호 민황야 미추이기 야무청초 부인채호위죽이당식언(采蒿, 閔荒也. 未秋而饑, 野無靑草, 婦人采蒿爲鬻以當食焉)
모를 뽑아 버리다 ── 발묘 민황야 묘고불이 농부발이거지 발자필곡 성만원야 유부인 원호극천 원살일자 이기일패언(拔苗, 閔荒也. 苗槁不移, 農夫拔而去之, 拔者必哭, 聲滿原野. 有婦人冤號極天, 願殺一子, 以祈一穮焉)

241

- 보리죽 ─── 오거 민황야 무소망추 부인지가 개식맥죽 기경독자 맥죽역간언 여재다산 전촌개거취이식지 강비사력상반 기식이산 불가안의(熬麮, 閔荒也. 無所望秋, 富人之家, 皆食麥粥, 其赘獨者, 麥粥亦艱焉. 余在茶山, 前村皆麮取而食之, 糠秕沙礫相半, 既食而酸, 不可安矣) 130p

하늘 끝에 홀로 앉아

- 사평의 이별 ─── 사평별(沙坪別) 137p
- 하담의 이별 ─── 하담별(荷潭別) 139p
- 홀로 앉아 ─── 독좌이수(獨坐二首) 140p
- 담배 ─── 연(煙) 142p
- 장맛비 ─── 고우탄(苦雨歎) 143p
- 마음 ─── 수(愁) 144p
- 유배지의 여덟 취미 ─── 천거팔취(遷居八趣) 145p
- 그리운 고향집 ─── 희작소계도(戲作茗溪圖) 150p
- 단옷날에 슬퍼서 ─── 단오일술애(端午日述哀) 152p
- 살짝 취하여 ─── 박취(薄醉) 154p
- 칡을 캐다 ─── 채갈 천인자상야 부자형제이석언(采葛, 遷人自傷也. 父子兄弟離析焉) 155p
- 백발 ─── 백발(白髮) 158p
- 율정의 이별 ─── 율정별(栗亭別) 160p
- 탐진 나그네 ─── 사월이십육일유금곡작(四月二十六日遊金谷作) 162p
- 모기 ─── 증문(憎蚊) 164p
- 궁궐을 그리며 ─── 낭도사(浪淘沙) 166p
- 대를 심다 ─── 종죽(種竹) 168p
- 다산의 여덟 풍경 ─── 다산팔경사(茶山八景詞) 170p
- 어버이 무덤가에서 ─── 상묘(上墓) 175p

달빛이 내 마음을 비추네

- 가을밤 ─── 추야(秋夜) 179p

책을 판 뒤에 ── 육서유작봉시정곡(鬻書有作奉示貞谷) 180p
시름거워도 ── 수역(愁亦) 181p
그림에 쓰다 ── 제화(題畵) 182p
반딧불이 ── 형(螢) 183p
어촌 풍경 ── 과어가(過漁家) 184p
밤에 부용당에 앉아서 ── 부용당야좌(芙蓉堂夜坐) 185p
산속 깊은 집 ── 차계부견수운(次季父遣愁韻) 186p
흰 구름처럼 ── 백운(白雲) 187p
거문고 188p
벗을 그리며 ── 장상사(長相思) 189p
못가에서 ── 지상절구(池上絶句) 191p
작은 배를 타고 ── 휴윤감찰암하소범(携尹監察巖下小泛) 192p
연꽃 193p
산문(山門)을 나서며 ── 출산문(出山門) 194p

아내와 아이들을 그리며

마마 ── 완두가(豌豆歌) 197p
어린 아들 ── 치자(穉子) 198p
집에서 온 편지 ── 가동귀(家僮歸) 199p
어린 자식이 보낸 밤을 받고서 ── 치자기율지(穉子寄栗至) 201p
누에 치는 아내 ── 문가인양잠(聞家人養蠶) 202p
아들에게 ── 기아(寄兒) 203p
새해에 집에서 온 편지를 받고 ── 신년득가서(新年得家書) 204p
사무치는 소리 ── 삼성사(三聲詞) 206p
아내에게 ── 여몽령(如夢令) 207p
8년 만에 아들을 만나 ── 사월이십일학포지 상별이팔주의(四月二十日學圃至 相別已八周矣) 210p
결혼 60주년을 기념해 ── 회근시(回卺詩) 211p

찾아보기

ㄱ

강진(康津) 79, 121, 125, 160, 161, 163, 165, 205
경세(經世) 32, 36
고향 36, 42, 146, 147, 149~151, 154, 204
공자(孔子) 25, 29, 48, 65, 66
과거 33, 34, 40, 41
군포(軍布) 115
궁궐 38, 69, 79, 100, 102, 152, 153, 166, 167
귀양 55, 79, 81, 138, 139, 142, 150, 151, 153, 161, 163, 169, 174
금강산 19
금곡(金谷) 162, 163
금마문(金馬門) 39
기병(騎兵) 99

ㄴ

나그네 30, 34, 162, 182, 209
난초 40, 67, 68
남산 35, 84
남쪽 23, 138, 152, 158, 166, 181
농부 116, 119, 129

ㄷ

『다경』(茶經) 142, 154
단군(檀君) 26
단비 107, 116, 118
덕(德) 20, 21, 29, 59, 67, 197
도산(陶山) 44
도연명(陶淵明) 52, 201
독서 24, 33, 44
동림사 23, 24
두보(杜甫) 203
떠돌이 34, 106

ㅁ

마현(馬峴) 36, 150
『맹자』(孟子) 24
모 116, 127~129
무등산 21~23
문경새재 199
문창성(文昌星) 37
미음(渼陰) 36, 122

ㅂ

백련사(白蓮寺) 119, 121
백성 38, 61, 84, 91, 101, 103~107, 109, 110, 113~115, 117, 125
벼슬 37, 42, 47, 100, 111, 113, 186
복사나무 54, 170
복희(伏羲) 48
봉은사(奉恩寺) 27
부열(傅說) 33
부평초(浮萍草) 117, 154

ㅅ

사평(沙坪) 137, 138

산문(山門) 23, 121, 194

삼각산 28

상방(尙方) 102

『상서』(尙書) 24

상앙(商鞅) 65, 66

서울 25, 28, 85, 162, 165, 203, 208, 209

선비 19, 30, 37, 40, 46, 51, 70, 109, 183

성인(聖人) 28, 48, 81

성현(聖賢) 26, 107

성호(星湖) → 이익(李瀷)

소나무 78, 79, 119~121, 132, 151, 162, 174, 188

소내 36, 150, 151

소동파(蘇東坡) 140, 150, 151

소부(巢父) 60

『손자병법』(孫子兵法) 30, 32

수종사(水鍾寺) 151

순임금 33, 109

승정원 38

『시경』(詩經) 83, 115

신선 19, 45, 77, 158

신유년(辛酉年) 175, 176

신유박해(辛酉迫害) 138, 176

신지도(薪智島) 161

ㅇ

아내 74, 89, 98, 100, 138, 199, 202, 204, 208, 209, 211

아미산(蛾眉山, 蛾嵋山) 77, 150

암행어사 100, 101

오릉중자(於陵仲子) 97, 98

온조(溫祚) 36

올빼미 85, 125

왜(倭) 79, 120

요임금 33, 109

원님 104

위오(鳶放) 119

유구(流求) 79

〈유민도〉(流民圖) 100

육우(陸羽) 142, 154

율정(栗亭) 160, 161

이별 137~139, 160, 161, 211

이윤(伊尹) 33

이익(李瀷) 43

임금 33, 37, 38, 46, 80, 102, 117, 153, 166, 167, 197, 211

ㅈ

자미성(紫微星) 37

장기(張機) 154

장기(長鬐) 54, 61, 112, 138, 141, 144, 160, 161, 176

『장자』(莊子) 66

전국(戰國) 32
정학연(丁學淵) 197
정학유(丁學遊) 197, 210
정협(鄭俠) 100, 101
제자백가 30
조물주 19, 40
종로 46
「주덕송」(酒德頌) 142
『주역』(周易) 55, 61
죽 105, 122, 130
중국(中國) 33, 55, 80, 183, 203

| ㅊ |

책롱(冊籠) 사건 61
천관산(天冠山) 78
충성 37, 40
칠정(七情) 144

| ㅌ |

탄금대(彈琴臺) 199
탐진(耽津) 162, 163
태학(太學) 97
퇴계(退溪) 44
투호(投壺) 43, 204

| ㅍ |

편지 44, 199, 200, 203, 204, 210

| ㅎ |

하늘 20, 21, 34, 39, 40, 50, 51, 55, 56, 70, 72, 74, 78, 84, 85, 109, 114, 116, 120, 127, 137, 139, 144, 151, 160, 174, 187, 199, 201, 206
하담(荷潭) 139
학문 20, 43
한강 28, 36, 138,
한림원(翰林院) 39
향수(鄕愁) 140
향원(鄕愿) 29
허유(許由) 60
홍문관(弘文館) 153
화순 22, 24
황사영 백서(黃嗣永帛書) 161
흑산도 160, 161